培根铸魂：

文化强国建设视域下新时代
国家文化软实力提升研究

杜　刚　著

群言出版社
QUNYAN PRESS
·北京·

图书在版编目（ＣＩＰ）数据

培根铸魂：文化强国建设视域下新时代国家文化软
实力提升研究 / 杜刚著． -- 北京：群言出版社，2023.12
　ISBN 978-7-5193-0898-8

　Ⅰ．①培… Ⅱ．①杜… Ⅲ．①文化事业－建设－研究
－中国 Ⅳ．① G12

中国国家版本馆 CIP 数据核字 (2024) 第 026013 号

责任编辑：胡　明
装帧设计：吕荣华

出版发行：群言出版社
地　　址：北京市东城区东厂胡同北巷1号（100006）
网　　址：www.qypublish.com（官网书城）
电子信箱：qunyancbs@126.com
联系电话：010-65267783　65263836
法律顾问：北京法政安邦律师事务所
经　　销：全国新华书店

印　　刷：河北万卷印刷有限公司
版　　次：2023年12月第1版
印　　次：2023年12月第1次印刷
开　　本：710mm×1000mm　1/16
印　　张：13.75
字　　数：200千字
书　　号：ISBN 978-7-5193-0898-8
定　　价：78.00元

前　言

　　文化是人类在长期改造自然的过程中形成的物质、习俗或制度、精神等成果的总和。文化是人特有的存在方式，具有类本质属性，是人的本质力量的对象性展示。一部人类发展史就是一部人类文化的演进史；人创造了文化，同时，文化也在不断地改造人，人与文化共生并存。因此，研究人类社会的问题时，研究者应从文化视角加以审视。近年来，伴随着全球化的文化交融与互联网信息化的互联互通，文化大繁荣、大发展的时代特征愈加明显，各种文化现象层出不穷，为研究者进行文化研究提供了现实的研究对象。事实上，当前文化学研究业已成为学术研究的热点，成为一种显学。

　　中华传统文化悠远绵长，其文化思想与精神泽被后世。中华民族多元一体格局就是在各民族不断融合的历史进程中得以实现的；作为民族共同体的中华民族，本质上就是文化共同体，是各民族在文化协同中逐步形成的。因此，当前铸牢中华民族共同体意识，不仅有助于实现民族团结、国家早日统一，更有助于传承和保护中华优秀传统文化，深刻把握中华民族的形成机理和演进机制，为实现第二个百年奋斗目标和中华民族伟大复兴的中国梦提供精神支撑。

　　中国共产党历来重视文化建设。从烽火硝烟的革命战争年代到战天斗地的社会主义革命与建设时期，到热火朝天的改革开放时期，再到砥砺奋进的新时代，在不同历史时期，加强文化建设、传承文化基因、赓续文化传统、强化文化引领，始终都是中国共产党的核心工作和重要法宝。

走进新时代，以习近平同志为核心的党中央更是高度重视文化建设，将其纳入"五位一体"总体布局之中，强调坚定文化自信，以文化强国战略建设为统领，全面推进文化现代化，提高国家文化软实力，讲好中国故事，传播好中国声音。习近平同志关于社会主义文化建设的系列论述，立意深远、高屋建瓴，思想深邃、指导性强，对于我们进行文化研究具有重要的指导意义。

"软实力"一词最早于 20 世纪 90 年代，由哈佛大学教授约瑟夫·奈首次正式提出。与传统意义上的军事、经济、资源、科技等"硬实力"相对而言，"软实力"主要包括文化、社会制度与价值观念等"无形力量""潜在能量"。"文化软实力"的提出是基于对"软实力"的批判，国内学者进行的理论创新。"文化软实力"是一种新兴的建设性力量，其起到的作用和产生的影响远非"硬实力"可以比拟。它能够以一种潜移默化的方式，从内在影响人们的心理状态乃至社会氛围。事实上，伴随着全球化文化交流与融合，文化软实力越来越成为国际竞争与较量的重要指针。因此，本书基于文化强国战略视域考察国家文化软实力提升策略，具有鲜明的时代特征和现实意义。

本书以文化强国建设为研究视域，较为系统地梳理了"文化软实力"的相关内容，主要包括文化强国概述、文化强国建设的三重维度、文化软实力的相关概念、文化软实力提升的现实背景、文化软实力提升的基本原则、文化软实力提升的指标体系、文化软实力提升的时代意蕴等内容。最后，本书站在全面推进社会主义现代化强国与人类命运共同体建设的时代高度，阐释了文化软实力提升对于我国社会主义现代化强国建设与人类命运共同体构建的时代意义。

由于时间仓促、作者水平有限，书中谬误与不足在所难免，恳请相关领域的专家、学者与广大读者批评指正！

目 录

第一章　文化强国概述

文化是一个国家、一个民族的灵魂。文化兴国运兴，文化强民族强。没有高度的文化自信，没有文化的繁荣兴盛，就没有中华民族伟大复兴。要坚持中国特色社会主义文化发展道路，激发全民族文化创新创造活力，建设社会主义文化强国。①

——习近平

第一节　文化强国的提出

一、文化强国战略提出的国际背景

当今世界，全球化业已成为人类社会的基本生存方式。经济全球化、政治多极化、社会信息化、文化多样化的趋势加剧了整个世界的不确定性与不稳定性，全球治理难度进一步加大。纵使近些年来出现了反全球化和逆全球化潮流，但是不可否的是人类社会走向"世界历史"的趋势不可逆转的。事实上，全球普遍交往促进了不同国家和民族间的文化交融，这其中既有合作，又有冲突，呈现出多元化发展态势。就现代意义

---

① 习近平.决胜全面建成小康社会 夺取新时代中国特色社会主义伟大胜利：在中国共产党第十九次全国代表大会上的报告[N].人民日报,2017-10-28(1).

上的国家而言，文化影响力和竞争力越来越成为衡量与评价国家综合国力的重要指标，文化建设水平也在一定程度上反映了经济、政治、科技、军事等综合国力的现实水平。由此可见，相关研究者应秉持系统性和战略性思维，对文化建设加以分析与研判，将其纳入国家现代化建设整体布局的高度予以审视。总体而言，大力推进文化强国建设既是实现国家现代化的基本要求和重要内容，也是全面提升国际地位与维护文化安全的战略抉择。

国际政治格局错综复杂，世界范围内各种思想文化相互激荡，谁占据了文化发展的战略制高点，谁就掌握了强大的文化软实力，谁就能在激烈的国际竞争中占据主动、抢占先机。文化是国家、民族屹立于世界的根本，文化的力量关系到一个民族的凝聚力、向心力，关乎国家的兴衰，与一个国家的国际生存空间息息相关。

（一）国际局势错综复杂，全球问题日益突出

当今的世界多极化趋势日益明显，国际局势纷繁复杂，整个世界经济发展整体持续低迷、增长乏力，加剧了全球治理的难度。总体而言，处于新旧体系转化进程中的当代国际格局，正面临着前所未有的严峻挑战，只有通过有效化解对立、对抗，促成不同利益群体和解，方能实现"美美与共、天下大同"的美好世界图景。毋庸置疑，全球性问题与国际性议题的解决策略应着眼于人类的共同价值和文化精神。文化作为人类的本质属性，是人类"诗意栖居"的生存家园。这就要求我们基于人类共同前途与命运的考量，坚持"以文载道、以文传声、以文化人"理念，加快推进构建人类命运共同体步伐，努力探寻人类社会得以可持续发展的"最大公约数"。

（二）全球文化交融加剧，文化安全问题突出

全球化业已成为当前人类世界的基本生存样态。国家、民族之间的

文化交往与传播愈发频繁，不同文化交融也呈现出多元共生的态势。不可否认，西方国家将自身工业化和现代化引发的技术优势转化为国家优势，进而形成了文化优势，客观上造成了东西方文化交往的地位落差。但是，文化并无优劣之分。对于广大发展中国家而言，其必然面临着维系自身话语权与文化主权的现实尴尬处境。文化是国家、民族的精神血脉，而筑牢文化根基客观上就成为不同国家和民族，在面对全球文化激荡中，维护自身文化安全的首要问题。

（三）国际竞争多元化，文化软实力增强

当前，国与国之间的竞争愈发走向全方位、多领域、多层级的角力，文化软实力则成为国家综合国力的重要体征；相较于经济、政治、科技与军事等硬实力而言，文化软实力是更具有隐含性、柔性的力量，是更为基础性、深层次的国家力量，具体体现为文化资源力、文化凝聚力、文化传承力、文化传播力及文化创造力等方面。文化软实力水平既是国家对自身文化传统的传承与接续能力的彰显，也是对其国际影响力和竞争力的反映。从现实情况看，许多国家正大力推进文化产业振兴计划，奉行文化立国战略，全面提升国家文化软实力。由此可见，全球化时代文化软实力日渐成为国家、民族得以自立于世界的重要倚重。

因此，面对波诡云谲的国际局势，全面提升我国的国际影响力和竞争力，提升国家文化软实力，政府必须重视文化强国建设。"当代中国应该在继承和发扬自身优秀传统文化的基础上，借鉴西方工业化、现代化发展的文化成果，形成具有当代意义和价值的新的文化精神。"[①]我们要"确立与我国经济地位相匹配的文化地位，使我国在国际上具有话语权，

---

① 杜刚，邢巨娟.基于文化创造力之上的文化创新机制的建构[J].理论界，2012(6)：131-133.

使别的国家信服我们，需要走文化强国之路"①。

二、文化强国战略提出的国内背景

"当代中国社会正处于由传统农业文明向现代工业文明的社会转型时期，这是一个非常复杂的时期。之所以说它复杂，是由于它除了具有一般同样转型时期的特征以外，还具有许多独特的历史背景和文化环境。"②在新的历史条件下，中国经济进入了发展的快车道，同时对文化建设提出了更高水平的发展要求。经济的强盛为文化强国奠定了坚实的基础，现代信息技术、文化产业的迅猛发展为文化强国建设提供了重要支撑。随着我国社会主要矛盾的变化，人们对文化发展提出了新要求，迫切需要文化建设迈出新的步伐。可以说，文化强国建设是满足人民文化需求和增强人民精神力量，坚持中国特色社会主义道路的必由之路。

（一）坚定文化自信，推动文化强国新要求

自改革开放以来，中国经济经历了高速增长期，取得了举世瞩目的发展奇迹，一跃成为世界第二大经济体和全球第一大贸易国，中华民族实现了从"站起来"到"富起来"再到"强起来"的伟大历史性飞跃，综合国力得到迅猛提升，正向着第二个百年奋斗目标奋勇前进。文化是一个国家、一个民族的生存与发展的基础，是一个国家的灵魂，是民族自信的根本来源，是区分于其他国家、民族的重要标志。文化自信是展现国家形象的前提和基础，在民族复兴中起着重要支柱和精神基因的作用。习近平总书记指出："文化自信是一个国家、一个民族发展中更基

---

① 李方方，万群，胡燕．文化强国战略提出的背景分析 [J]．重庆科技学院学报（社会科学版），2013(11)：37-38.

② 杜刚，邢巨娟．对信仰重建的哲学思考 [J]．理论探索，2006(5)：21-22，44.

本、更深沉、更持久的力量。"①文化建设与党的建设、国家事业紧密相连，中国共产党向来重视文化建设，自诞生以来就把文化建设摆在重要位置，始终自觉地将自身的发展与中国文化的前途命运紧紧关联在一起。回顾中国共产党领导的百年历史，从"文化救国""文化立国""文化富国"走到今天的"文化强国"，我们的国家、民族的面貌有了很大的改变，更加坚定了文化自信。

（二）坚守核心价值观，维护文化安全新秩序

文化如同空气，无处不在，潜移默化地影响着每个人，对人们的生活和思想产生了深远的影响。在经济一体化进程中，经济、贸易的迅速发展推动了不同文化之间的碰撞与交流，为中华文化的创新发展注入了新的生机活力，同时伴随着各种西方社会思潮的入侵，资本主义国家利用网络、大众媒体，通过广告、电影等文化手段，将西方价值观念、意识形态、生活观念传播到我国，对人们的精神和思想产生了一定的冲击，如若仍由其发展蔓延，必将严重危害我国社会的政治稳定与意识形态安全。当前中国正处于中华民族伟大复兴的关键时期，更要提高警惕，认清自己的发展方向，坚决捍卫国家主权与发展安全，尤其要重视文化安全。文化强国建设，有助于凝聚国内共识、激发干事创业的激情，共同开创美好明天，也必将助力"强国梦"和"复兴梦"实现。

（三）提高社会文明程度，满足美好生活新期待

"文运同国运相牵，文脉同国脉相连"②，文化繁荣对经济发展具有积极促进作用，并为其提供了内在动力。随着国家经济飞速发展，综合国力不断增强，广大人民群众的科学素质、人文素养普遍提高，艺术鉴赏

---

① 习近平.结合中国特色社会主义伟大实践　加快构建中国特色哲学社会科学[N].人民日报，2016-05-18(1).

② 习近平.高擎民族精神火炬吹响时代前进号角　筑就中华民族伟大复兴时代文艺高峰[N].人民日报，2016-12-01(1).

水平、审美能力显著提升，人们对精神文化的要求也越来越高，与过去被动地接受文化教育、培养相比，人们更愿意积极地参与到文化交往中去。当前，我国社会主要矛盾已经转变为"人民日益增长的美好生活需要和不平衡不充分发展之间的矛盾"。随着物质生活水平的提高，人们的消费方式也在发生着深刻的变革，其对文化精神的需求越来越大，从"生存型"消费逐渐转向"发展型""享受型"消费，更加重视文学艺术的思想内涵、文化产品的内在品质，以满足自己陶冶性情、拓展境界、升华精神的需要。人们对于美好生活的需要呈现出立体性、全面性与层次性等特点。在这种动态演化、不断升级追求美好生活的进程中，整个社会的文明水平不断提高，人民的获得感、幸福感和安全感也在不断提高。

（四）激发文化活力，展现文化产业新作为

伴随着现代社会的进步与发展，文化产业如雨后春笋般蓬勃发展。文化产业作为国民经济的重要组成部分，具有整合文化资源、丰富人民生活、提高国民素质、促进经济发展、增强国家治理的潜力，有力地促进了社会发展。当前，发展文化产业已经成为一个国家战略的重要组成部分，在国际经济、政治、文化等领域发挥着举足轻重的作用。习近平总书记指出，"文化是一个朝阳产业"①。文化产业发展水平直接反映着一个国家的文化软实力，是综合国力竞争的重要标志。因此，发展文化产业必将极大地推进社会主义文化繁荣与发展，为实现民族复兴打下坚实的文化根基。

在经济全球化的加速发展中，面对世界各国思想、文化的不断渗透，我国只有对中华文化发展规律和时代需要进行科学、精确的分析，制定

---

① 习近平.坚守人民情怀，走好新时代的长征路：习近平在湖南考察并主持召开基层代表座谈会纪实[N].人民日报，2020-09-21(1).

出符合我国文化发展规律和实际需要的文化发展战略，保持良好的国家形象，才能促进文化大发展、大繁荣。

三、文化强国战略提出的基础

（一）中华优秀传统文化的历史积淀

中国拥有 5 000 多年的悠久历史，中华优秀传统文化在历史发展中逐渐形成，并成为中华民族共同的价值追求，是增强民族认同感的重要基础。中华优秀传统文化一直是我国最丰富的文化遗产，也是中华文化的思想精华，是中华民族延续、振兴最深层的精神养分，是一种经久不息的精神宝库，是我国的突出优势，为构建社会主义文化强国奠定了坚实的基础。

习近平总书记指出："中华优秀传统文化是中华民族的精神命脉，是涵养社会主义核心价值观的重要源泉，也是我们在世界文化激荡中站稳脚跟的坚实根基。"[1] 早在春秋战国时期，我国思想文化达到高峰，在文学、天文学、物理学、医学等方面取得了世界领先的成就，涌现出许多杰出的思想家，呈现出百家争鸣、百花齐放的文化繁荣景象。儒家思想深深地影响着中华儿女，当代社会倡导的"为人民服务""以德治国""天下为公"亦是对儒家文化的传承与发展；道家文化注重"道法自然，天人合一"，并由此产生了生态文明思想。四大发明为我国的文化繁荣和世界的发展做出了重大贡献。唐朝时期，鉴真东渡、玄奘西行等促进了中外文化的交流和传播，守护了世界的和平，有力地推动了中国智慧走向世界。

---

[1]　中共中央宣传部.习近平总书记在文艺座谈会上的重要讲话学习读本 [M].北京：学习出版社，2015：28.

（二）马克思主义经典作家的文化建设思想

作为马克思主义理论体系的奠基人，马克思和恩格斯并没有对文化进行过专门的理论论述。在相关的论述中，他们使用的文化大部分是在政治、经济、社会等词语中出现，大部分和文明的概念相当。具体来看，马克思和恩格斯更多地把文化理解为人类改造客观世界过程中形成的物质成果与精神成果，往往与"实践"相关联。

马克思揭示了文明、文化与社会发展之间的关系，他在《1844 年经济学哲学手稿》中指出："对整个文化和文明的世界的抽象否定，向贫穷的、需求不高的人——他不仅没有超越私有财产的水平，甚至从来没有达到私有财产的水平的非自然的简单状态的倒退。"在他看来，文化的主体是人，其本质为人化；人类是历史的创造者，是所有的物质和精神财富的缔造者；文化是人在对客观世界的认知与改造中所形成的，是以人的社会实践为基础，基于人的主观认知而产生的特殊形式。马克思指出："动物和自己的生命活动是直接同一的，而人则使自己的生命活动本身变成自己意志的和自己意识的对象。"①有了这种能够将自然人化和将人的本质对象化的能力，人才能称其为人，人也才能创造"文化"。

马克思、恩格斯认为文化由社会存在决定并反作用于社会存在，指出"不是意识决定生活，而是生活决定意识"②。"思想、观念、意识的生产最初是直接与人们的物质活动，与人们的物质交往，与现实生活的语言交织在一起的。人们的想象、思维、精神交往在这里还是人们物质行动的直接产物。"③在经济基础的变迁中，文化这种上层建筑不可避免地会在一定程度上改变，突出了物质对文化的决定作用。与此同时，文化并非是完全消极的，而是对经济基础、社会生产实践活动起着反作用。人

---

① 中共中央编译局.马克思恩格斯文集：第 1 卷 [M].北京：人民出版社，2009：162.
② 中共中央编译局.马克思恩格斯文集：第 1 卷 [M].北京：人民出版社，2009：525.
③ 中共中央编译局.马克思恩格斯选集：第 1 卷 [M].北京：人民出版社，2009：72.

是一切活动的主体，一切社会实践都必然存在人的踪迹，必然反映出人的思想、观念和意志。所以，文化是一种精神力量，对经济和社会的发展产生着影响。

列宁的文化建设思想是马克思主义文化理论的重要组成部分，它与马克思、恩格斯的文化建设思想一脉相承。列宁说："小资产阶级知识分子动摇不定，但他们也是我们进行社会主义革命所需要的。我们知道，只有利用资本主义文化因素才能建设社会主义，而知识分子就是这样的因素。"[1]在他看来，工人已经注意到知识能够作为武装的力量，如果没有知识，就不能进行革命，有了知识，就有了斗争的力量，就能够与敌对分子抗衡。可见，列宁已经意识到培养知识分子掌握科学文化技术的重要性，而且觉得国家培养知识分子是建设社会主义制度战胜资产阶级的力量。

列宁指明了"真正的无产阶级文化"的内涵和实质，阐述了文化建设的重要性，提出了文化建设的基本要求与对策。这对我国的社会主义建设具有一定的借鉴作用。另外，列宁主张要把重点放在教育发展上就必须使整个国家的科学和文化水平得到全面的提升，他积极推行识字运动，加大对教育的投资，强化师资队伍建设，调动社会各方力量，以发展教育带动文化，将学校和社会的教育有机地结合起来，多方面地开展全民教育，使人们获得了更多的文化学习机会。

（三）中国共产党历来重视文化建设

在中国的革命、建设和改革的进程中，中国共产党领导中国人民坚持马克思主义指导地位不动摇，总结过去的实践经验与教训，将马克思主义基本原理与中国国情相结合，摸索出了一条正确的文化建设道路。

毛泽东同志作为中国共产党的第一代领导人，在长期的革命与建设

---

[1]　中共中央编译局.列宁全集：第35卷[M].北京：人民出版社，1985：215.

实践中，对新民主主义文化的建构提出了一系列见解。毛泽东在《新民主主义的政治与新民主主义的文化》中提道："一定的文化（当作观念形态的文化）是一定社会的政治和经济的反映，又给予伟大影响和作用于一定社会的政治和经济。"毛泽东同志以此为理论基础，对新民主主义的思想进行了较为系统的论述，并提出了"民族、科学、大众"的新民主主义文化。中华人民共和国成立后，毛泽东同志在文化建设上进行了再次探索，并在中央政治局扩大会议上提出了"百花齐放，百家争鸣"的文化建设方针，对传统文化和外国文化提出了"古为今用，洋为中用""取其精华，去其糟粕""批判继承，推陈出新"的文化继承方针。这是我国文化建设最早的理论方针，是马克思主义中国化进程的重要理论成果，明确了文化建设在社会主义建设中的战略地位。

邓小平同志针对当时社会主义文化建设的实际情况和文化思想领域发展的特殊性，总结我国文化建设的经验与教训，制定了一系列切实可行的方针、原则，带领社会主义文化建设走上了正确的道路。"解放思想，实事求是"，是邓小平文化建设的重要思想基础。"只有思想解放了，我们就可以用马列主义和毛泽东思想正确地处理历史遗留问题，解决新的问题，解放思想，实事求是，一切从实际出发，理论结合实际，这样，我们的社会主义现代化建设才能顺利进行，我们党的马列主义、毛泽东思想的理论也才能顺利发展。"[1] 基于这样的认识，邓小平同志在全国范围内掀起了"关于真理标准问题的大讨论"，解决历史遗留问题，为开创现代化建设新局面创造了条件。也正是基于"解放思想、实事求是"的理论，邓小平在继承和发展毛泽东文化建设思想的基础上，继续探讨文化与人民的双向关系这个根本问题，丰富了"双百"方针的内

---

① 中共中央文献编辑委员会．邓小平文选：第 2 卷 [M]．北京：人民出版社，1994：141．

涵，并且阐明和提出了一系列新的范畴和具有原创性、新颖性、前沿性的基本观点。

邓小平同志在新的历史阶段对社会主义进行了界定，提出了"两个文明"的思想，对社会主义精神文明和物质文明的关系进行了梳理。

在社会主义文化建设中，邓小平同志始终关注人才的培养，重视全民素质的提高。他强调，"一定要在党内造成一种空气：尊重知识，尊重人才。要反对不尊重知识分子的错误思想。不论脑力劳动，体力劳动，都是劳动。从事脑力劳动的人也是劳动者"①。邓小平同志将社会主义文化建设的核心落实到人的全面发展上来，并提出了培育"四有"新人的目标，即把各族人民变成"有理想、有道德、有文化、有纪律"的人，这是社会主义先进文化建设对国民素质的全面要求。

20世纪90年代，江泽民同志在坚持马克思列宁主义、毛泽东思想、邓小平理论的基础上，提出了"三个代表"重要思想，同时对中国特色社会主义的指导思想、基本内涵、目标和任务做出了较高的理论总结，系统论述了先进文化的主要指导思想、科学内涵、方针原则、方法途径、战略地位等。

在文化发展的方针方面，江泽民同志在继承"双百"方针的基础上，进一步丰富了其内涵，提出了"弘扬主旋律，提倡多样化""以我为主，为我所用"的方针。在文化建设的主要方法和途径上，江泽民同志提出了"一手抓繁荣，一手抓管理"以及"科教兴国战略"。在文化的战略地位方面，他明确了"经济、政治、文化"三位一体的总体布局，提出了"文化软实力是国家综合国力的重要组成部分"的崭新理论命题，对文化进行全新的定位。江泽民同志关于文化思想的论述涉及内容非常广，

---

① 中共中央文献编辑委员会.邓小平文选：第2卷[M].北京：人民出版社，1994：
　41.

在推动中国特色社会主义文化繁荣方面，起到了至关重要的促进作用。

进入 21 世纪后，胡锦涛同志进一步丰富和发展了文化建设理论，提出了"科学发展观"，对其基本含义做了全面的阐述，对我国文化建设提出了新的目标与要求：提出繁荣社会主义先进文化，建设和谐文化，为构建社会主义和谐社会做出贡献；提出经济、政治、文化、社会建设的"四位一体"战略部署，强调了文化建设的战略地位，指明推动社会主义文化繁荣发展的路径和途径。同时，他首次提出了文化软实力的定义，对我国文化建设提出了新的要求，并将文化产业确定为国民经济体系的支柱产业，提出了"建设社会主义文化强国"这一构想。这是中国共产党自成立之后特别是党的十六大以来高度重视社会主义先进文化建设的必然结果，这一目标的提出也表明我们党对文化建设的规律认识达到了一个崭新的高度。

党的十八大以来，习近平总书记着眼于当前和未来，依据中国社会发展的新形势，把握传统和当代，坚持马克思主义基本原理与中国国情相结合、与中华优秀传统文化相结合，将文化建设纳入五位一体总体布局之中，并就社会主义文化建设进行了重要的论述，主要围绕"坚定文化自信""牢牢掌握意识形态工作领导权、管理权、话语权""培育和践行社会主义核心价值观""推动文化事业全面繁荣和文化产业快速发展"等，完善了中国特色社会主义建设的新布局。习近平总书记重视大力推进文化现代化建设，强调坚持以提高中国的文化软实力，最终实现中国梦为战略目标，以中华优秀传统文化为基础，以培养社会主义核心价值观为基本使命，以增强民族自信心为目标，构建具有中国特色的社会主义核心价值观是其发展的战略重点，加强思想政治工作，努力谱写社会主义文化强国的新篇章。中共十九届五中全会在规划 2035 年全面实现社会主义现代化的宏伟蓝图时，将建设社会主义文化强国确定为发展目标，为社会主义文化的发展指明了方向。

在文化强国建设上，从党的历代领导人的重要论述中可以看出，中国共产党百年来的文化建设都是对各个时期文化发展的清晰认识，并且在各个历史阶段都对文化建设给予了高度的关注，在推动文化繁荣复兴发展道路上做出了巨大贡献。

（四）社会主义现代化建设的重要内涵

中国特色社会主义是经济、政治、文化、社会、生态文明"五位一体"全面发展的现代化。习近平总书记指出："中国特色社会主义是全面发展、全面进步的伟大事业，没有社会主义文化繁荣发展，就没有社会主义现代化。"[①]当前，中国特色社会主义现代化建设处于极其重要的历史阶段，全面把握中国特色社会主义现代化建设的历史定位与方位，将有助于推动中华民族伟大复兴的中国梦早日实现。

文化强国建设是立足于我国综合国力全面提升的基础上的，是社会主义现代化强国建设的应有之义，因此缺少文化强国建设的现代化是不完整的现代化。新时代中国特色社会主义思想中"五位一体"总体布局就充分说明，只有经济建设、政治建设、文化建设、社会建设、生态文明建设勠力同心、同轴运转、同向推进，成为五个高度耦合的同构体整体协调发展，强国之梦方可实现。要使中国特色社会主义事业取得新的发展，就必须加强中国特色社会主义文化建设。中国特色社会主义文化是团结和激励全国各族人民的重要力量。我们应该从中国特色社会主义的经济、政治、文化和谐发展的高度，从社会主义繁荣、民族振兴的角度，深刻地认识到中国特色社会主义文化在整个社会主义现代化进程中所起的极其重要的作用。

作为发展中国家，中国在国际社会整体实力的竞争中，不仅要面对

---

① 习近平.全面推进教育文化卫生体育事业发展　不断增强人民群众获得感幸福感安全感 [N].人民日报,2020-09-23（1）.

经济社会发展的巨大压力，还要面对文化发展的严峻挑战。加强中国特色社会主义文化的建设，继承和发扬中华民族的优良传统，大力弘扬民族精神，吸收他国优秀文化成果，并进行创造性转化和创新性发展，不断开创新时代中国特色社会主义文化建设新成果，就是要秉持人类命运共同体理念，为全球治理和文化协同贡献中国智慧和中国方案，促进全球文化的交融与互鉴，真正实现"美美与共、天下大同"的美好愿景。

第二节　文化强国的基本内涵

一、文化的相关概述

文化是指人们通过社会实践获得的物质财富、精神财富的积累。文化作为社会体系中的重要部分，它与人类的生存状况、现实生活有着直接的联系。"文化作为人类特有的存在方式，不仅是人与其他生物相区别的重要特征，同时它的存在、运行及作用机制总是潜移默化地影响着人类的生存状态。文化是这样一种特殊的存在，它融入我们生活的方方面面，但是又不囿于人类的日常生活体系。"[1]在人类社会历史的演进过程中，文化始终是反映人类改造世界能力的一面镜子，同时文化的跃迁与变革是人类社会进步与发展的集中体现。可以说，人创造了文化，而文化也不断重塑着人的世界，这种"人文互创"的规则一直延续至今。当今的世界，文化建设水平越来越成为评价和衡量社会进步的重要标志，也突出体现了社会成员的文明程度与素质水平。因此，文化强国战略的提出，不仅是社会进步的必然要求，更是推进人的自由全面发展的客观需求。

---

① 杜刚，邢巨娟.文化：人类特有的存在方式[J].长江大学学报(社会科学版)，2012，35(2)：160-161，7.

作为四大文明古国之一，中国 5 000 多年的文明得以延续、从未中断，得益于中华文化的博大精深，更得益于中华文化独特的形成机理与运行机制。中华文化建立在个体与社群、人与天的和谐共生关系的基础之上，强调多元与一体的统一，是一种典型的系统性、整体性思维，而非"二元对立"模式。这种思维可以从中国早期对于"文化"的认知中发现其端倪。追溯"文化"之源，早在《周易·象传》中就有记载："刚柔交错，天文也；文明以止，人文也。观乎天文，以察时变；观乎人文，以化成天下。""文化"可以说是"人文化成"的缩写。

随着社会的发展、科学技术的进步，改革开放后，学术界对文化领域的研究日益深入，而文化也逐渐成为学术界关注的热点。"软实力"最早由美国学者约瑟夫·奈提出，主要指"通过吸引而非强迫或购买的手段来达己所愿的能力"[①]。在此之后，文化软实力成为国际竞争的重要因素，也成为评价国家综合实力的重要指标。

二、文化与经济、政治的关系

（一）文化与经济的内在关联

随着世界经济一体化进程的加快，资本、信息、人员等的跨国流动和网络化的快速发展，促使知识、思想、文化、价值观等在世界范围内的广泛传播。世界各地的文化贸易迅速发展，文化市场在全球范围内逐渐形成。文化产业的发展是一种经济和文化的融合。新时代，文化产业作为一种"人文"经济，其内涵已经渗透到了社会生活的方方面面。

在文化产业发展过程中，作为一种重要的经济资源，文化资源促使经济得到了新的发展，促进了经济与文化的结合，达到了前所未有的高度，为文化生产力的变革奠定了坚实的物质基础。在经济发展的进程中，

---

① 约瑟夫·奈.软力量：世界政坛成功之道[M].吴晓辉，钱程，译.北京：东方出版社，2005：7.

文化资源的开发、文化市场的竞争、文化权益的维护都是经济发展的重要因素。与硬实力相比，文化软实力更具包容性，对经济的渗透性更强，作用范围也更广。

在全球经济一体化和政治多元化的背景下，加强国家的文化建设显得尤为重要。较之于传统意义上不可再生的生产要素资源而言，文化资源具有可开发性和可持续性的特征，同时具有高附加值的属性。当前推动经济社会高质量发展，不仅要加快推进产业结构的提档升级，还要大力推进文化产业与文化事业的繁荣发展。一方面，政府要积极推进创新驱动发展战略，实现由跟踪、模仿向创新、引领的转化；另一方面，政府要不断开拓新业态、新动能、新模式，探寻新的经济增长点。而文化产业既是一种特殊的文化形态，也是一种新型的独立业态，其产业结构以文化为核心要素，不仅能够满足人们的精神文化需求，还具有较高的产出效益。从现实情况看，文化产业的开发力度还存在较大的提升空间。因此，新时代积极转变发展理念，大力推动文化产业，促进市场主体倍增，充分调动文化创造活力，成为文化强国建设的重要内涵。

文化建设助力经济发展还体现在推动社会文明程度的进一步提升上。中国经济在改革开放和市场经济不断深化的过程中取得了快速的发展，但也带来了思想的多元化和复杂化，思想活动的选择性、多变性、差异性明显增加，在一定程度上影响市场经济的健康发展，而文化能培育人的品德，改善人的心智模式，使人在经济活动中具备知趋止、辨是非的能力，从而在经济活动中释放出强大的正面力量。市场经济的健康运行有赖于文化建设，尤其是对社会主义核心价值观的意识形态保障。经济与文化的关系越来越密切，文化经济既可作为经济的一种灵活支持，又可发挥智力支持、价值导向、精神激励、道德潜化等作用，推动经济全面协调发展。"文化的力量最终可以转化为物质的力量，文化的软实力最终可以转化为经济的硬实力。"①

中华优秀传统文化源远流长、泽被后世、影响深远，在世界文化宝库中占有举足轻重的地位。但是，从整体上看，我国的文化软实力有待进一步提升。因此，我们要在全面深刻把握和阐释中国传统文化的基础上，推动其创造性转化与创新性发展，通过多渠道、多通路、多层级的开发与拓展，不断增强自身的文化软实力，进一步坚定文化自信，把中国的文化推向国际舞台，让全世界真正了解中国、走近中国，为我国国际地位和全球影响力的提升提供更有力的保证。近些年来，在国家文化政策的引导下，中国的对外文化活动日益频繁，各种重大的国际文化活动、节日庆典、比赛等的成功举办，推动着中华文化逐渐走向国际舞台的中央，中国文化的国际传播力和影响力不断增强。

（二）文化与政治的内在关联

从文化的角度看，在许多方面，历史发展进程表明了文化对国家和民族的重要作用。一个国家是一个文化的整体，如果没有了文化的领导，就相当于失去了灵魂，丧失了精神的力量。可以说，任何一个国家的发展都离不开硬实力和软实力。

文化和政治结合作为"导航灯"，政治昌明才能推动文化的发展。"每一种政治的权力都由一种文化支撑，每一个政党的执政理念都由特定的文化维系。政治国家为实现政治目标，往往非常需要国民的文化认同。因为一种政权倡导的文化，只有得到广泛的认同，政权才能稳固。拥有较高文化认同的国家，发生大规模暴力冲突的概率要远远低于缺乏文化认同的国家，从而也可以大大减少社会治理的成本。"② 在一定程度上说，民众对政治和文化的认同是维护国家政治稳定的根本。正如中国特色社

---

① 习近平.干在实处 走在前列：推进浙江新发展的思考与实践[M].北京：中共中央党校出版社，2006：294.

② 姚文帅.文化基因：国家认同价值生成的逻辑[J].学术界，2016(9)：184-190.

会主义文化在中国的政治建设中是最基本的，也是符合中国国情的。

三、文化强国战略的内涵

文化是民族的血液，是民族的精神之乡，是民族之魂。中共十七届六中全会正式提出了文化强国战略，这是基于中国现实国情和经济社会发展现状的战略决策，反映了实现国家文化现代化和文化软实力的现实要求。文化强国的建设，一方面需要我们依托自己的力量，根据自己的具体情况，突出自己的特点，走出自己独特的文化发展之路；另一方面是要使我们的文化建设成为代表中华文明，且在国际竞争中具备竞争能力的文化。文化建设水平与能力集中反映着一个国家或民族的现实生存样态。当今的中国是世界上最大的发展中国家，应该有自己的文化战略顶层设计，有自己的文化力量，把握自身文化的未来与命运，塑造具有中国魅力、中国特色、中国风格的文化发展道路。

在当前全球经济、政治及文化高度融合的形势下，我们应进一步深化对我国文化软实力的认识，进一步深化对文化强国建设内涵与意蕴的理解。文化强国战略的提出，就是要继续坚持推进文化体制改革，繁荣和发展文化事业与文化产业，牢牢掌握意识形态的主导权和领导权，维护自身文化安全。文化强国建设是建立在保护和传承中华优秀传统文化的基础上的。这就要求我们进一步坚定文化自信，将文化强国建设融入中国特色社会主义现代化建设的伟大实践之中，融入中华民族伟大复兴"中国梦"的伟大事业之中，从战略的高度予以重视。建设社会主义文化强国，要自觉地推进中华优秀传统文化创造性转化与创新性发展，善于吸收和借鉴外来文化的先进成果，并创造出属于这个时代的文化成果，反映新时代的国家精神和民族智慧。

实施文化强国战略是我们党在贯彻习近平新时代中国特色社会主义思想的基础上，立足当前中国发展实际，按照国家发展需要做出的重要战略决策。对于文化强国战略，学术界从不同视角进行了论述。张国祚从中国近代历史经验的角度出发，指出"文化强弱事关国运"①。唐丕跃将文化强国的内涵归纳为"一纲四目"。"'一纲'即建设中华民族共有精神家园，为人类文明进步做出更大贡献。'四目'即文化强国要呈现出来的四个新局面，具体表述如下：全民族文化创造活力持续迸发的新局面、社会文化生活更加丰富多彩的新局面、人民基本文化权益得到更好保障的新局面和人民思想道德素质、科学文化素质全面提高的新局面。"②熊澄宇认为"文化自觉、文化自信、文化自强支撑着建设社会主义文化强国的目标"③。

文化强国战略的核心要义就是增强国家文化软实力，增强民族凝聚力，提升国际竞争力。习近平总书记强调，"要弘扬社会主义先进文化，深化文化体制改革，推动社会主义文化大发展大繁荣，增强全民族文化创造活力，推动文化事业全面繁荣、文化产业快速发展，不断丰富人民精神世界、增强人民精神力量，不断增强文化整体实力和竞争力，朝着建设社会主义文化强国的目标不断前进"④。要实现这一目标，我们就要坚持继承和保护好优秀的传统文化，同时要满足广大人民日益增长的文化需求，增强文化的创新能力，增强文化凝聚力和向心力，打造中国特色的文化品牌，塑造良好国家形象，彰显文化软实力在国家综合国力中的重要地位。

强化文化强国战略的着力点。文化强国建设是一项长期而又艰巨的工作，而实现"文化强国"这一战略的关键在于坚持党的领导，牢牢掌

---

① 张国祚.实施文化强国战略的思考[J].红旗文稿，2011(21)：25-28.
② 唐丕跃.加快发展文化产业 推动文化强国建设[J].中共太原市委党校学报，2012(3)：6-9.
③ 云付平.社会主义文化强国建设研究综述[J].中共山西省委党校学报，2013，36(5)：20-23.
④ 习近平总书记在中共中央政治局第十二次集体学习时的讲话。

握意识形态的领导权，坚持社会主义核心价值观的指导地位不动摇，推
进文化体制改革，全面加快文化产业发展，加快政府职能转变，顺应市
场规律，促进文化产业新业态发展，为文化发展注入新动能，把文化事
业推向一个新高度。

准确把握"文化强国"这一战略目标和科学价值，将有助于我们更
好地认识新时期文化建设的新使命，创造新的辉煌。首先，文化强国助
力中华民族伟大复兴中国梦的实现，推进中华优秀传统文化传承与保护，
并赋予其时代新内涵，同时增进中华文化的更广泛认同，增强其文化吸
引力和感召力。其次，文化强国助力社会文明程度的提升，实现精神文
明与物质文明的齐头并进，提升人民群众的文化素养，增进其文化的凝
聚力和向心力。再次，文化强国助力中国国际地位和国际话语权的提升，
形成与中国综合国力相匹配、相符合的国际影响力和传播力，增强其文
化的核心竞争力。最后，文化强国助力人类命运共同体的构建，为全球
治理提供中国智慧和中国方案，彰显其文化的协同效能，促进不同文明
的和解与交融，实现人类命运共同体的美好世界图景。

四、文化强国战略的现实表征

第一，社会主义核心价值观的指导地位的巩固。"核心价值观是一个
民族赖以维系的精神纽带，是一个国家共同的思想道德基础。"[①]培育和践
行社会主义核心价值观，对引导主流思潮、凝聚社会共识、凝聚社会力
量起着重要的作用，对中国特色社会主义建设的走向有深远的影响。

第二，社会文明程度提高。中共十九届五中全会明确提出，要"提
高社会文明程度"。从实现中华民族伟大复兴的意义上看，"提高社会文
明程度"包括涵养文化根脉、对中华优秀传统文化的继承和保护，以及

---

① 中共中央文献研究室.十八大以来重要文献选编：中[M].北京：中央文献出版社，
2016：133.

新的发展条件下民族文化的创造性转化、创新性发展，从而实现历史、当下以及未来贯通式的文化复兴，筑牢建设文化强国的坚实基础。这就要求我们坚持以社会主义核心价值观引领文化建设，全方位提高人民的思想文化素质，助力文化强国建设。

公民是社会的主体，公民道德素质的提高对国家社会、经济发展起着重要的作用。在过去的几十年里，中国的经济发展迅速，公民的道德素质也在不断提升。要在社会上树立文明、和谐的新风尚，政府必须不断地完善法律法规和制度体系，加强道德模范的榜样作用，重视公民公德教育，加强社会道德的宣传，全方面提高公民的道德素质。

第三，人们的精神文化生活丰富多彩。文化创造要依靠大众，要把创作真正深入民众，使文化产品、文化创意更加"接地气"，让人民群众多多参与有意义的文化活动，同时要想方设法让人民成为文化创作的主体；让人民感受到文化创作的成就感。

第四，文化竞争能力日益增强。加强文化产业竞争力是实现社会主义现代化、加强文化强国建设的必由之路。因此，我们党、政府和人民都应该努力发展文化产业，增强自身的竞争能力，把我们的文化竞争力提升到一个新的高度。

第五，文化的凝聚力不断增强。对民族来说，文化是灵魂，是连接不同个体的桥梁。当一种文化足够强大的时候，它能够让众多个体形成统一的思想认识。具体到国家来说，其能够促进社会稳定，促进国家经济社会的发展。增强文化凝聚力，要植根于基层大众，要加强文化建设与人民群众的血肉联系。

综上所述，所谓"文化强国"，就是一个国家在国内有强烈的文化自信，对外拥有强烈的文化吸引力、文化的信心与魅力，归根结底是源于其自身的进步。文化强国建设引领时代前进的趋势，代表着人类的未来，国民则以自己的文化与历史为荣，为自己的文化与历史而骄傲。在一个国家的发展中，文化在更新观念，凝聚民心，鼓舞士气，促进经济、社会发展等方面发挥着重要作用，文化强国的目的在于丰富人民的物质生活和精神生活，使每个人都能从中获益。

五、文化强国战略的内在要求

社会主义文化强国的建设有其内在要求。正确认识和掌握社会主义文化强国的基本特点，对于我们深化文化体制改革，促进社会主义文化大发展、大繁荣有着重大的现实意义。

（一）深厚的文化底蕴与强大的文化自信

文化强国必须具备深厚的文化底蕴。深厚的文化底蕴是一个国家、民族自信的来源，也是一国在国际舞台赢得话语权的先决条件。一个民族唯有拥有深厚的文化底蕴，才能以自己的文化为依托，才能成为"文化强国"。中华民族孕育的优秀传统文化是我们民族的根本。在革命战争时期，中国共产党人在艰苦的革命岁月中，领导全国人民，培育出具有民族气概的红色文化。这是我国文化最鲜明的精神标志。我国要在吸收优秀传统文化、红色文化精华的基础上，伴随着时代的发展，通过中国特色社会主义实践逐步形成具有中国特色的先进文化。

文化自信是对国家、民族、政党和人民的文化价值观的高度认可和实践，是对国家文化历史、现状和前景的充分肯定和坚定的信仰。一个文化大国，要有强大的文化自信，就必须具备强大的民族凝聚力和号召力，如此才能从容应付各种社会思想的冲击和思想的激战。正如习近平总书记所说："当今世界，要说哪个政党、哪个国家、哪个民族能够自信的话，那中国共产党、中华人民共和国、中华民族是最有理由自信的。"①因此，我们必须保持高度的文化自信，充分认识中华文化的独特优势和

---

① 习近平.在庆祝中国共产党成立95周年大会上的讲话[N].人民日报，2016-07-02(1).

发展前景，坚定自身的文化信念和文化追求，如此才能实现建设社会主义文化强国的宏伟目标。

（二）良好的国家形象与较高的国民素质

文化大国必须树立良好的民族形象。一个国家的形象既是其综合国力的反映，又是其文化软实力在世界范围内的集中表现。通常情况下，一个民族文化对其国家的影响，对内表现在民族形象上，对外则表现为国家形象。所以，树立良好的国家形象至关重要。这不仅关乎我国在世界上的话语权，还关乎文化强国战略的实施。

文化大国的国民必须具备更高的素质品质。毫不夸张地说，国民素质是一个国家能否成为一个文化大国的基本标准。只有国民素质提高了，国家的综合国力、国际竞争力才能大大提高。

（三）强大的文化创新力与国际影响力

文化强国必须具备文化创新的实力。只有顺应时代和人民的需求，不断地进行文化创新，文化强国才能真正实现。对此，习近平总书记强调，要"把创新摆在国家发展全局的核心位置，不断推进理论创新、制度创新、科技创新、文化创新等各方面创新"[1]。因此，我国要建设社会主义文化强国就必须提升文化创新能力，坚持创造性地转变和创新发展传统文化，力求创作出适应时代和人民需求的优秀作品。

文化强国必须具备国际影响力和话语权。文化的国际影响力就是一个国家的文化是否被国际社会接纳及接纳的程度。纵观中外历史，大国的崛起往往会在全球范围内产生巨大的文化影响，并引发一股与之相适应的文化发展趋势。所以，一个国家的强盛不仅仅是经济、军事上的强大，更是文化上的繁荣，而一个强大的民族文化是可以产生巨大影响，

---

[1] 习近平.在知识分子、劳动模范、青年代表座谈会上的讲话[N].人民日报，2016-04-30(1).

并被其他国家模仿的。

（四）繁荣的文化事业与兴盛的文化产业

文化强国最鲜明的标志就是文化事业与文化产业的繁荣发展。随着文化体制改革的逐步深入，我国公共文化事业呈现出蓬勃发展的势头，但整体速度仍有待提升。

文化强国建设的重要内涵就是建设强大的文化产业集群。文化产业是科学技术与文化紧密结合的衍生物，是文化市场化运作的现实生成。目前，文化产业是世界上发展最为迅速的一个新兴行业，是当今世界经济发展中的重要推动力，文化强国建设离不开发达的文化产业支持。要实现社会主义文化强国，我国必须加快产业结构转型，坚持以市场为导向，构建现代文化产业体系，积极建设文化产业集群，提升文化产业在国民经济中的比重和份额，鼓励有条件的文化企业走向世界，打造世界性文化品牌，不断提升文化产业的国际影响力。

综上所述，文化是国家、民族的内在涵养，是国家强盛、民族兴旺的不竭动力，也是自立于世界民族之林所彰显出的影响力和竞争力。文化强国战略吹响了新时代中国特色社会主义文化建设的号角。因此，我们只有不断增强文化自觉，坚定文化自信，才能促进文化自立与自强，才能实现文化安全。我们也应该清醒地认识到，强大的综合国力是文化强国建设的重要保证，而文化强国建设是推进国家富强、民族复兴的重要倚重。总之，一个国家只有在其文化上表现出超越物质和资本的力量时，才会产生更大的文明，也只有在其经济发展中不断地表现出深厚的文化品质，才能走上更广阔的发展道路。

第三节 文化强国的战略意义

"文化强国"是中国共产党面对复杂国际局势做出的战略抉择，是对世界形势深刻研判后做出的一项重大举措，是顺应时代发展需要、准确把握广大人民精神文化需求的战略举措。文化强国战略是传承和弘扬中华民族精神的重要举措，是推动实现中华民族伟大复兴的动力源泉，是促进国家文化现代化的重要战略任务。因此，"建设社会主义文化强国是时代发展和人民意愿的内在要求，是增强综合国力、维护国家文化安全的必然要求，是加快转变经济发展方式、为经济社会发展提供支撑的必然要求，是满足人民的精神文化需求、维护人民文化权益的必然要求"①。

一、文化强国战略的理论意蕴

"文化强国"战略立足时代发展的需要，在马克思主义的指导下，汲取历代先辈的文化建设理念，蕴藏着深厚的民族优秀传统文化，深刻地体现了文化发展规律，是新时代文化建设的指导思想和行动指南。其内容丰富、意义深刻，具有重大的价值意蕴。

第一，文化强国战略是马克思主义中国化的理论成果。马克思主义认为，文化是人类实践的产物，文化是一定社会经济、政治在观念形态上的反映，而文化一经形成就成为一种现实的力量，反作用于社会存在。文化作为社会意识的重要组成部分，对社会发展起着思想保证、精神动力、智力支持和凝聚力量的现实作用。文化强国战略是马克思主义基本原理同中国具体实践相结合的理论生成，是坚持马克思主义指导，符合中国国情的理论创新，它丰富和充实了马克思主义文化理论。

---

① 郭建宁.中国文化强国战略[M].北京：高等教育出版社，2012：44-45.

第二，文化强国战略是新时代中国特色社会主义思想的重要组成部分。文化建设是习近平新时代中国特色社会主义思想的重要内涵，是"五位一体"总体布局的灵魂。文化强国战略顺应社会主义现代化强国建设的时代要求，深刻揭示了中国特色社会主义文化建设思想和发展路径，旗帜鲜明地表明了建设社会主义文化强国的目标任务，阐述了文化建设与经济建设、政治建设的内在关联，明确了文化体制改革的总基调和总目标，提出了提升国家文化软实力的总要求。文化强国战略是习近平新时代中国特色社会主义思想在文化建设领域的具体呈现，是指导社会主义文化实践的指挥棒和定向标。

第三，文化强国战略是中国共产党文化建设思想的延续与发展。中国共产党历来高度重视文化建设，在不同的历史时期和历史阶段，形成了不同的文化建设思想。文化强国战略是党在新时代汲取历史经验与教训的理论创新，是面向世界、面向未来、面向现代化的一部文化建设的宣言书。党的十九大报告进一步明确了文化强国战略在中华民族伟大复兴和社会主义现代化强国建设的伟大事业中的历史定位。文化强国战略的实施，应该坚持党的领导，坚持马克思主义的指导地位，牢牢掌握意识形态主导权，培育和践行社会主义核心价值观，促进文化事业和文化产业的繁荣发展。

二、文化强国战略的现实意蕴

建设文化强国，实现中华文化繁荣兴旺，是实现中华民族伟大复兴的先决条件。文化是一个民族发展的灵魂。社会主义文化强国建设能够增强中华文化的凝聚力和感染力，激发中华民族的创造活力，为建设社会主义现代化国家提供强有力的精神力量。政府要真正把文化建设与中国新时期社会主义事业的整体规划结合起来，把文化建设与"建成富强民主文明和谐美丽的社会主义现代化强国"的目标紧密结合起来。

第一，建设文化强国，有助于形成强大的民族凝聚力。一个国家和民族倘若缺乏凝聚力，就会变成一盘散沙。历史和实践证明，中国是世界上拥有最强民族凝聚力的国家。当今世界，一个国家只有拥有了强大的生命力和凝聚力，才能在激荡的国际环境中站稳脚跟。

第二，建设文化强国，为促进经济发展、社会和谐，提供了有力的文化支撑。文化是经济发展的不竭动力，文化以经济为基础，对经济产生影响。在一定程度上，文化对经济社会的渗透力越强，影响力就越大。当前，中国正处于改革和发展的紧要关头，经济迅速发展，经济实力明显提高，但一味追求经济快速增长，会导致文化的萎缩，只有"三驾马车"并驾前行，国家社会才能稳定发展。因此，我们要注重文化对经济社会发展的关键作用，运用好文化的力量，使其更好地服务社会主义现代化事业。

第三，建设文化强国是提高国家文化软实力的迫切要求。随着经济的发展和世界经济一体化的加速，文化软实力在世界范围内的作用越来越明显，而文化也越来越成为国家之间的重要竞争力量，甚至关系到党和国家的前途和命运。我国只有不断加大文化建设的投入，提升国家文化软实力，才能在国际竞争中占有优势，也才能真正实现国富民强的目标。在当前国际环境总体稳定，国际形势呈现不确定性，以经济、军事、科技等为代表的"硬实力"和以文化、价值观为代表的"软实力"共同构成国家综合实力的大背景下，一个国家的强盛离不开硬实力，更离不开软实力。文化软实力对内表现为强烈的文化认同感、高度的文化自信，对外表现为超强的文化吸引力和感召力。对于中国而言，建设文化强国，就要维护国家文化安全，抵制西方意识形态的渗透，大力发扬中华优秀传统文化，展现中华文化的时代魅力。

第四，建设文化强国，塑造良好大国形象。国家形象代表了一个国家的整体实力和一个民族的精神面貌。我国在世界范围内始终贯彻和平发展，以最广大人民的根本利益为己任，面对国际冲突，代表国际社会的主流声音，彰显大国担当，对国际冲突积极劝阻，主张采用和平的方式维护国家利益。

第五，建设文化强国，有助于满足人民群众日益增长的美好生活需要。要适应新时代的发展，发展社会主义先进文化是必然之选。伴随着时代的进步和生产力发展水平的提高，人民生活水平随之提高，人民群众对精神文化有了更高标准、更高形式的需求。文化消费可以满足人们的精神生活，提高人们的思想道德素质，实现价值认同，在社会上形成积极向上的良好氛围。高品质的文化服务能提高人民的幸福感和获得感，使得全体社会成员在思想上紧紧团结在一起。面对当前世界变幻莫测的形势，我们更要加强文化强国建设，加强精神文明建设，以高度的文化自信造福祖国和人民，推动文化事业的繁荣发展。

第六，建设文化强国，有助于传承和弘扬中华优秀传统文化。中华民族历史悠久，5 000 多年的风雨洗礼创造出辉煌灿烂、具有中国特色的历史文化。跨越历史长河，中华优秀传统文化在当今仍然具有无穷魅力，历久弥新，是中华民族宝贵的精神财富。习近平总书记强调："中华优秀传统文化是我们最深厚的文化软实力，也是中国特色社会主义植根的文化沃土。"[1]"没有中华文化繁荣兴盛，就没有中华民族伟大复兴。"[2]中华优秀传统文化是建设文化强国的深厚滋养，深刻影响着中国特色社会主义的建设道路，是建设文化强国的强大底气，对推动中华民族伟大复兴具有重要意义。中华优秀传统文化是我国的文化优势，文化强国战略则使得中华优秀传统文化焕发出新的生机与活力，以新的姿态展现在人们

---

[1]　习近平.牢记历史经验历史教训历史警示为国家治理能力现代化提供有益借鉴[N].人民日报，2014-10-14（1）.

[2]　中共中央文献研究室.习近平关于社会主义文化建设论述摘编[M].北京：中央文献出版社，2017: 7.

的面前，呼唤人们内心的文化良知。

第七，建设文化强国，为实现中华民族伟大复兴提供强大的精神动力。中华民族伟大复兴需要文化以其深厚的历史底蕴和强大的凝聚力作为重要基础。习近平总书记在参观《复兴之路》展览时指出："现在大家都在讨论中国梦，我以为，实现中华民族伟大复兴，就是中华民族近代以来最伟大的梦想。"① 所以，建设文化强国是民族复兴道路上的指南针。

总而言之，促进我国的文化大繁荣、大发展，增强我国的文化软实力，是实现民族振兴、促进世界文化发展、推动人类文明和平发展的必然选择。要实现文化强国的目标，我们就必须坚持走社会主义文化发展之路，树立文化大国形象，提升国际话语权，建立具有中国特色的话语系统。

---

① 中共中央宣传部. 习近平总书记系列重要讲话读本[M].北京: 学习出版社, 2016: 5.

第二章 文化强国建设的三重维度

中国共产党和中国人民以英勇顽强的奋斗向世界庄严宣告，中华民族迎来了从站起来、富起来到强起来的伟大飞跃。

——《中共中央关于党的百年奋斗重大成就和历史经验的决议》

第一节 文化强国建设的历史维度

"文化兴国运兴，文化强民族强。"①

中国共产党诞生于近代中西文化交流激荡的历史场域。鸦片战争打断了传统中国社会历史进程，自此开始，救亡图存、振兴中华成为当时的时代主旋律。为了挽救民族危亡，一代又一代的仁人志士做出了各种尝试，但不论是以器物变革为代表的洋务运动，还是以制度变革为代表的戊戌变法，最终都以失败而告终。发轫于1915年的新文化运动是一场由先进知识分子主导的文化革新运动，而新旧文化冲突激变对于唤醒民众的觉悟有着重要意义。同时，十月革命一声炮响为中国送来了马克思列宁主义，五四运动则全面吹响了反帝反封建的号角，开启了新民主主义革命的历史进程。这一时期以李大钊、陈独秀为代表的早期马克思主

---

① 习近平.决胜全面建成小康社会 夺取新时代中国特色社会主义伟大胜利：在中国共产党第十九次全国代表大会上的报告[M].北京：人民出版社，2017：40.

义者，坚持真理、坚定理想，高举科学和民主大旗，为马克思主义在中国的传播提供了现实土壤，也为中国共产党的诞生提供了思想和理论的基础。

一、新民主主义革命时期（1919—1949 年）

新民主主义革命时期，中国共产党文化建设是为了更好地服务革命斗争。根据革命发展历程的不同，这一时期又可以分为大革命时期（1924—1927 年）、土地革命时期（1927—1937 年）、全面抗日战争时期（1937—1945 年）以及解放战争时期（1945—1949 年）四个不同的阶段。

中国共产党自成立伊始，就坚持马克思主义真理，坚守共产主义理想，践行为中国人民谋幸福、为中华民族谋复兴的初心使命，在百年的探索中形成了伟大的建党精神，后世凝练概括为"坚持真理、坚守理想，践行初心、担当使命，不怕牺牲、英勇斗争，对党忠诚、不负人民"[①]。伟大建党精神是中国共产党文化软实力建设的源头，它不仅是建立党的精神，也是建设党的精神。在中国共产党成立伊始，就致力于传播马克思主义，并且坚持用先进思想武装自己的头脑，不断宣传自己的政治使命，投身于革命建设当中，在革命实践中确立了马克思主义理论是中国共产党文化建设的基本理论遵循。

大革命时期农民运动蓬勃发展，农民问题是中国革命面临的一个特殊问题。毛泽东同志以马克思主义指导农民文化运动，深入湖南湘潭广大农村，开展了一系列的调查研究，并于 1927 年 3 月撰写了《湖南农民运动考察报告》，在报告中强调要领导农民从事政治斗争、经济斗争和文化斗争，指出农民在农民协会领导之下总共做了 14 件大事，其中第 12 件大事就是文化运动。在这一时期，中国共产党用开始运用马克思主

---

① 习近平.在庆祝中国共产党成立 100 周年大会上的讲话 [N].人民日报，2021-7-2(2).

义相关理论教育农民开展农民文化运动，切实推进了马克思主义大众化，为后续建立农村革命根据地提供了思想和现实的基础。

土地革命时期，伴随着井冈山革命根据地的建立，中国革命开启了新的篇章。这一时期也形成了以"左联"和"苏区"为核心的文化阵地。共产党以"左联"为阵地并设立党团进行领导，开始了有目的的意识形态斗争。

在中央苏区中国共产党始终致力于宣传自身的文化主张。1929 年，由毛泽东同志起草的《中国共产党红军第四军第九次代表大会决议案》是共产党在苏区进行早期文艺工作的纲领性文件。共产党在中央苏区设立文化教育宣传机构，成立文化社团，建立群众性组织，建立了几十个新闻出版和印刷发行机构。各级党政军领导机关和群众团体先后创办出版发行报纸、期刊 160 余种，编印、出版发行各类图书 350 余种。共产党还借鉴、吸收了早期工农运动中的俱乐部工作经验，在苏区军民俱乐部运动实践的基础上逐步形成了苏区俱乐部制度。俱乐部是中央苏区各级政府机关、人民团体、企事业单位普遍建立的进行政治、文化教育和开展文、娱、体育活动的群众性组织。

全面抗日战争时期，共产党广泛动员无产阶级力量团结抗日，争取民族解放。毛泽东同志在延安文艺座谈会上指出，"文艺要很好地作为团结人民、教育人民、打击敌人、消灭敌人的有力的武器"①。这凝聚了五四运动以来中国共产党人关于革命文艺建设的理论和实践探索的精神智慧，成为共产党在思想理论建设事业上的标志性成果。1936 年，毛泽东在中国文艺协会成立大会上提出，"现在我们不但要武的，我们也要文的了，我们要文武双全"②。这体现了文化在团结民众方面独特的感召作用。

---

① 毛泽东.在延安文艺座谈会上的讲话 [M].北京：人民出版社，1953：1.
② 中共中央毛泽东选集出版委员会.毛泽东选集：第 1 卷 [M].北京：人民出版社，1991：461.

抗日战争进入相持阶段后，共产党迫切需要明确中国革命应往何处去以及统一全党的思想共识。1940 年 1 月 9 日，毛泽东同志在陕甘宁边区文化协会第一次代表大会上发表题为《新民主主义的政治与新民主主义的文化》（以下简称《新民主主义论》）的长篇演讲。毛泽东同志在《新民主主义论》中，运用历史唯物主义的基本原理，对经济、政治和文化三者之间的关系做出了叙述，认为新文化是社会的政治经济发展到一定程度的产物，"新的政治力量，新的经济力量，新的文化力量，都是中国的革命力量"[①]。这就将文化力量与政治经济力量放在了同等重要的位置上。《新民主主义论》揭示了新民主主义革命时期的基本规律，厘清了政治、经济、文化之间的关系，为坚持抗日民族统一战线，夺取抗日战争最后胜利提供了思想基础，统一了全党关于中国革命道路的认识，吸引了越来越多的人加入新民主主义革命的队伍当中。

《新民主主义论》对中国革命的影响贯穿了整个新民主主义革命时期，特别是在解放战争时期，中国共产党在解放区开展了一系列的文化建设活动，用文化教育人民，并且用文化培育军队，为最终夺取新民主主义革命的胜利奠定了文化基础。同时，共产党在解放区本着不破不立的原则，批判旧文化，弘扬新文化，坚持传播马克思主义。"与此同时解放区的新闻出版行业也逐步复苏，在解放战争时期，中国共产党领导的各种报刊有 1 710 多种。"[②]

我们通过对以上的梳理可以发现，中国共产党自成立起，就始终将文化的力量视作革命的重要力量之一，新民主主义革命时期，中国共产党便确立了文化对党的建设的重要作用，用文化指导革命实践，用文化

---

① 中共中央毛泽东选集出版委员会.毛泽东选集：第 2 卷 [M].北京：人民出版社，1991：695.

② 周兴樑.中国报刊资料与近现代史研究 [J].中山大学学报，2005(1)：29-35，122-123.

团结群众，用文化培养军队，建立抗日民族统一战线。在共产党领导下的进步文化工作者成为一支不拿枪的军队，为民族解放事业呐喊，创作了一批具有鲜活时代特征的优秀作品，成为中华文化传承发展史上的一座丰碑，为中国革命的胜利做出了不可磨灭的贡献。这一时期，中国共产党关于文化建设的思想和实践，体现了中国共产党在不断推进马克思主义中国化、传承中华优秀传统文化和丰富自身文化内涵方面的文化自觉。

二、社会主义革命和建设时期（1949—1978 年）

社会主义革命和建设时期，中国共产党通过文化建设不断确立和巩固社会主义文化。这一时期党对于文化建设进行了艰辛的探索，"文化建设的重心从为革命服务转变为如何与社会主义制度相适应、社会主义制度确立后文化如何发展的问题"①。中华人民共和国成立后，我国社会从新民主主义向社会主义过渡，文化上也开始了从新民主主义文化向社会主义文化的转变。

1956 年，毛泽东同志在《关于正确处理人民内部矛盾的问题》中，明确提出"双百"方针，即"百花齐放，百家争鸣"，要求在艺术领域实行百花齐放，即文学艺术上不同的形式和风格可以自由发展，在学术领域实行百家争鸣，即科学上不同的学派可以自由争论，从而进一步繁荣社会主义文化事业。1964 年 9 月，毛泽东同志在给中央音乐学院师生的回信中，阐明了对待古今中外一切文化成果的"古为今用，洋为中用"的"两用"方针。这个方针的提出旨在正确处理传统文化与现代文化、外国文化与中国文化的关系问题。"双百"方针和"两用"方针是对当时文化建设和社会发展实践的实际问题的针对性指导，强调文化建设要服

---

① 王彬，胡玉翠.新中国 70 年文化建设的进程与经验 [J].当代世界社会主义问题，2020(1)：57-67.

务工农兵群众，服务社会主义建设，破解了当时干部群众的思想困惑，有利于促进文学艺术发展，有利于科学进步，形成了党的文化建设的宝贵经验。

这一时期还提出了社会主义文化建设的目标，即"四个现代化"战略目标，其中就有"科学文化现代化"。在这一时期，中国共产党明确了文化建设在社会主义建设当中的战略地位，积累了宝贵的经验和教训，对文化建设进行了新的探索。

三、改革开放和社会主义现代化建设时期（1978—2012 年）

改革开放和社会主义现代化建设时期，中国共产党不断繁荣和发展中国特色社会主义文化。这一时期我党的文化建设不断向前推进，在不同时期对于中国特色社会主义的总体布局实现了"二分法"到"四分法"的演进。首先，我党不断调整文化建设与经济建设之间的关系，要求文化建设要不断与经济建设相适应。其次，我党明确文化建设在中国特色社会主义建设中的独特性和文化的自觉性，打破了以往文化在社会建设中的配合作用。这一时期中国共产党在文化建设方面视野更加宽广，更加富有时代性。

1978 年底，中共十一届三中全会胜利召开，拉开了改革开放的大幕。我党开始把工作重心转移到经济建设上，文化建设也开始确立"以经济建设为中心"的文化范式。改革开放以来，中共中央调整文化政策，重建文化发展秩序，面向时代，面向现代化，探寻具有中国特色的社会主义文化发展与繁荣之路。1979 年 10 月，邓小平同志在第四次文代会上指出"要继续坚持毛泽东同志提出的文艺为最广大的人民群众、首先为工农兵服务的方向，坚持百花齐放、推陈出新、洋为中用、古为今用的方针"，确立了"文艺为人民服务、为社会主义服务"的"二为"方向。1980 年 7 月 26 日，《人民日报》发表《文艺为人民服务，为社会主义服务》的社论，正式确立新时期文艺发展的"二为"方向。此后，"二为"方向和"双百"方针作为党的基本文艺政策一直沿用至今，成为推动社会主义文艺繁荣发展的重要指南。

这一时期采用"二分法"将社会生活分为物质文明和精神文明两个部分。邓小平同志反复强调，坚持物质文明和精神文明"两手抓，两手都要硬"。党的十二大强调物质文明和精神文明两手抓的方针是建设社会主义的战略方针，明确了物质文明是精神文明建设的基础，精神文明对物质文明建设具有巨大的推动方向，同时保证了物质文明正确的发展方向。

为了更好地将物质文明和精神文明两手抓的方针落到实处，中共十二届六中全会审议并通过了《中共中央关于社会主义精神文明建设指导方针的决议》，这是党史上首次关于精神文明建设的决议，也首次提出了社会主义现代化建设总体布局概念，明确指出"我国社会主义现代化建设的总体布局是：以经济建设为中心，坚定不移地进行经济体制改革，坚定不移地进行政治体制改革，坚定不移地加强精神文明建设，并且使这几个方面互相配合，互相促进"。虽然没有明确提出以政治、经济、文化为主体，但以"三分法"进行总体布局的思想在这里初现雏形。

1991 年，在庆祝中国共产党成立 70 周年大会上的讲话中，江泽民同志第一次明确提出有中国特色社会主义经济、政治和文化的概念，系统阐述了三者的内涵及相互关系。1997 年，党的十五大报告第一次提出社会主义初级阶段的经济、政治和文化三大基本纲领，每个纲领都可以分解为基本目标和基本政策，"三位一体"总体布局由此形成。

在这一时期，我国现代化进程加速发展，人民群众对于文化的需求日益增长。江泽民同志在准确把握和分析新的时代特征和时代要求之后，提出建设有中国特色社会主义文化的战略任务，大力发展社会主义先进文化。党的十五大报告中明确指出："有中国特色社会主义的文化，是凝聚和激励全国各族人民的重要力量，是综合国力的重要标志。"这标志着我党对文化建设的认识不断深化，明确文化发展对于综合国力发展的重要性。世纪之交，江泽民同志提出了"三个代表"重要思想，把中国共产党"始终代表中国先进文化的前进方向"作为党的先进性要求之一，标志着我党沿着中国特色社会主义文化发展道路又向前跨越了一大步。中共十五届五中全会提出将文化产业列入国家发展战略。

党的十七大报告当中对总体布局的划分采用了"四分法"，包含经济、政治、文化、社会四个方面，进一步阐述了"四位一体"总体布局，指出坚持走中国特色社会主义道路，就要在党的领导下，建设社会主义市场经济、民主政治、先进文化、和谐社会，从而建设富强民主文明和谐的社会主义现代化国家。值得注意的是，在文化方面，党的十七大报告中明确要坚持社会主义先进文化前进方向，从而提高国家文化软实力。这是我党首次在党的纲领性文件中使用"文化软实力"这一概念，并将文化软实力与国家治理联系在了一起。

中共十七届六中全会通过了《中共中央关于深化文化体制改革、推动社会主义文化大发展大繁荣若干重大问题的决定》，阐述了深化文化体制改革与推动社会主义文化大发展大繁荣等若干问题，提出增强国家文化软实力，弘扬中华文化，努力建设社会主义文化强国，并指出，"在坚持和发展中国特色社会主义的伟大实践中进行文化创造，为把我国建设成为社会主义文化强国而努力奋斗"。从此，"文化强国"战略上升为国家战略。

我们通过对这一时期我党对于文化的相关理论梳理，可以发现自党的十五大报告至党的十七大报告，其中都有专门的篇幅针对文化建设进行相关阐释，为不断繁荣和发展中国特色社会主义文化提供了坚实的理论基础。

四、中国特色社会主义新时代（2012 年至今）

党的十八大以来，中国特色社会主义进入新时代，以习近平同志为核心的党中央站在新的历史起点上，立足建成社会主义现代化强国、实现中华民族伟大复兴的视角，高度重视文化建设。自此，文化建设进入了新的发展时期。党中央提出了一系列关于文化建设的新理念、新论断，明确了文化建设的重要性以及新时代怎样进行文化建设和建设什么样的文化等一系列的重要论述。

新时代，我党站在历史和全局的战略高度，对推进新时代"五位一体"总体布局做了全面部署，从经济、政治、文化、社会、生态文明五个方面，制定了新时代统筹推进"五位一体"总体布局的战略目标。文化建设是中国特色社会主义"五位一体"总体布局的重要组成部分。党的十八大以来，以习近平同志为核心的党中央坚持中国特色社会主义文化发展道路，以高度的文化自信、文化自觉与文化担当，激发全民族文化创新创造活力，铸造中国精神、满足精神需求、促进文明互鉴，丰富和发展了中国特色社会主义文化。

党的十九大报告指出："中国特色社会主义文化，源自于中华民族五千多年文明历史所孕育的中华优秀传统文化，熔铸于党领导人民在革命、建设、改革中创造的革命文化和社会主义先进文化，植根于中国特色社会主义伟大实践。"[①] 这要求新时代发展中国特色社会主义文化的进程中不能忽视中华优秀传统文化、革命文化和社会主义先进文化的作用，明确其作为历史的积淀为社会主义先进文化建设中保持自信提供了深厚的历史支撑。党的十九大以来，以习近平同志为核心的党中央领导文化建设不断深入，为文化建设工作积累了新经验：突出当下文化建设重点，

---

① 习近平.决胜全面建成小康社会 夺取新时代中国特色社会主义伟大胜利：在中国共产党第十九次全国代表大会上的报告[M].北京：人民出版社，2017：10.

明确文化建设战略目标是建设社会主义文化强国；把建设社会主义文化强国与经济社会发展的总任务、总目标与"四个全面"战略布局紧密联系起来。

新时代，我党围绕文化建设的相关问题在理论、实践和对外交流三个层面上进行了理论上的创新和发展。在理论层面上，我党形成了一套具有系统性且完备的关于文化自信的理论体系。习近平总书记指出："我们说要坚定中国特色社会主义道路自信、理论自信、制度自信，说到底是要坚定文化自信。文化自信是更基本、更深沉、更持久的力量。"[①]在实践层面上，我党要求培育践行社会主义核心价值观，用正确的价值观引导人们，从而营造风清气正的社会生态环境。新时代坚持用社会主义核心价值观凝心聚力，充分发挥好核心价值观这一"国家稳定器"的重要作用。在对外传播方面，我党要求着力讲好中国故事，对外传播好中国价值，不断提升中华优秀文化对世界的影响力。中华文化的繁荣兴盛意味着"为解决人类问题贡献中国智慧和中国方案"[②]，讲好中国故事则是向世界提供中国智慧和中国方案的重要方式。

纵观中国共产党党史可见，中国共产党成立一百年来，一向重视文化建设，中国共产党文化建设理论的发展，具有鲜明的时代特色，且不同时期文化建设理论的表述、内容等有不同的特点，充分反映了当时历史条件的需要。以史为鉴开创未来，才能在新时代的新征程上实现中华民族伟大复兴。

---

① 习近平.在哲学社会工作座谈会上的讲话[N].人民日报，2016-5-19(2).

② 习近平.决胜全面建成小康社会 夺取新时代中国特色社会主义伟大胜利：在中国共产党第十九次全国代表大会上的报告[M].北京：人民出版社，2017：10.

第二节　文化强国建设的理论维度

文化强国建设是中国特色社会主义现代化强国建设的重要内涵。诚如前述，中国共产党领导全国各族人民在实现国家富强、民族复兴的历史征程中，在革命和建设的不同历史时期，高度重视文化建设。文化强国建设则是在新的历史时期党的文化建设思想的具体体现，同时是新时代坚持马克思主义基本原理与中国具体实际相结合的现实展现。从学理性维度来看，社会存在与社会意识的辩证关系原理，对我们深刻把握和理解文化强国建设具有十分重要的理论价值和指导意义。毋庸置疑，文化是一个国家和民族的灵魂。当前，我们应该着力推进文化自觉，坚定文化自信，如此方能实现文化自立和文化自强，有效提高社会文明程度。而文化强国建设能够为社会发展提供思想保证、精神动力、智力支持和凝聚力量。因此，在迈向第二个百年奋斗目标和实现中华民族伟大复兴的中国梦的关键历史时期，我们应大力推进文化强国建设。

一、文化强国建设为社会发展提供思想保证

文化是人类特有的存在方式，其效用的发挥有助于个体得到充分的自我反省和调节，从而培养人类的理性精神。文化是人性、人格、价值观和创造力的生成和升华之源，它在一定程度上对人类的发展具有决定性影响。

文化强国建设引领社会发展方向。中华文明历经 5 000 多年的历史长河，塑造了中国人民厚重、中和、刚健、自强不息的人文品质和伦理规范，构成了中国人特有而长久的精神世界，同时为中国人的世界观打下了坚实的思想基础。作为时代变迁的先导力量，文化是最能体现生产

力发展的水平，是最广大人民群众最基本的利益的体现，它能引导整个社会的前进方向，能为社会发展提供符合现实需要的世界观、人生观、价值观，从而增强社会认同感，释放思想活力，形成一股强大的力量，促进社会生产的持续发展，维护社会的和谐稳定。要建设社会主义文化强国，我们就要通过社会主义核心价值观的价值引领，增强文化的导向功能，使人们认识到，改革是推动社会发展的重要力量。

文化强国建设为社会提供思想保证。党的十八大以来，我国的文化建设取得了显著的成就，思想政治工作不断向好发展，文化认同得到了极大的提升，整个民族的文化创造力得到充分的激发，文化自信增强，社会安定和谐，民族团结进步，为新时期文化事业的发展提供了意识形态保障。建设社会主义文化强国就是要坚持党的领导，就是要坚持中国特色的社会主义文化，以马克思主义为指导思想。这对加强党的执政能力建设具有重要意义，只有这样，才能确保党的领导地位稳固，促进文化大繁荣。习近平总书记指出："国无德不兴，人无德不立。必须加强全社会的思想道德建设，激发人们形成善良的道德意愿、道德情感、培育正确的道德判断和道德责任，提高道德实践能力尤其是自觉践行的能力，引导人们向往和追求讲道德、尊道德、守道德的生活，形成向上向善的力量。"[①]在中国共产党的领导下，中华民族发生了翻天覆地的变化，国家面貌焕然一新，中国正走向更高水平的发展。

二、文化强国建设为社会发展提供精神动力

文化强国建设为社会发展提供精神保障。"文化精神是文化发展进程中形成并积淀下来的具有强大感召力和凝聚力的文化内核，是维系文化存在与进步的精神动力，也是外在文化成果得以实现的内在根据和源

---

① 习近平.汇聚起全面深化改革的强大正能量[N].人民日报，2013-11-29(1).

泉。"①党的十八大以后，我们的文化事业有了很大的发展，我们的思想工作也有了很大的进步，我们的民族意识也有了很大的提高。全面调动全民族的文化创造性，提高了文化的信心，促进了国家的稳定、统一与发展，这是新时代思想政治工作开展的有力保证。要实现社会主义文化强国的目标，我们必须充分利用具有中国特色社会主义文化，推进文化治理现代化。

中华民族数千年的发展，形成了中华优秀传统文化、革命文化和社会主义先进文化。中华优秀传统文化是培育民族自信心的肥沃土壤。随着全球化的深入发展，民族自豪感和自信植根于传统文化中，成为一个国家和民族融入世界大家庭的重要精神支柱。中华优秀传统文化蕴含团结统一、热爱和平、勤劳勇敢、自强不息的民族精神，是一个民族赖以生存的精神支柱，它根植于中国大地，关乎社会精神风貌，具有自强不息、天人合一、仁者爱人等精神内涵。中华文明在以文化自信引领文化强国的生动实践中，始终坚持"天下大同"的理想与追求，为推动世界发展、促进世界和平做出了自己的贡献。

中国共产党在百年的奋斗历程中诞生了革命文化。革命文化是一种重要的文化资源，也是文化自信的源泉之一，具有极其浓厚的革命精神和深厚的历史文化内涵。中国革命文化是在革命斗争中凝聚起来的一笔宝贵的思想财富，是社会不断前进的重要精神力量。发扬革命精神，凝聚磅礴力量，可以为社会主义文化强国建设激发强大的精神力量。

社会主义先进文化产生于中华人民共和国成立后，坚持马克思主义指导思想，结合中国实际为中国道路提供了价值共识，包括大庆精神、载人航天精神、"两弹一星"精神等。社会主义先进文化是现代文明的重

---

① 杜刚，邢巨娟.基于文化创造力之上的文化创新机制的建构 [J].理论界，2012(6)：
131-133.

要组成部分，为实现中国现代化建设的目标和方向，提供了"万众一心"的价值共识。

三、文化强国建设为社会发展提供智力支持

人是社会的主体，一切社会的发展归根结底都是靠人来推动。从这一层面看，满足人的各种需要，是人们进行各种实践和推动创新的动力源泉。文化强国建设只有先做好以文化人的工作，才能进一步实现强国的目标。

人才是一国的核心力量，培养和造就优秀的人才是一个国家和民族发展繁荣的根本保障。"人才创造力是衡量我国社会现代化水平和程度的重要标尺，是反映我国社会发展和进步的重要标志。"[①]人才的引导对我国的社会主义文化大发展大繁荣而言是必不可少的。一个国家，一个民族，一个社会的兴盛，最重要的是人才。人是创造文化的主体，人的发展既体现着文化发展的终极目标，也是推进文化发展的力量之源。换句话说，人的全面发展是文化强国建设的目标，也是文化强国建设的迫切条件。

在文化创新的今天，我国只有以自身的文化创造力为根基，才能真正地继承和保护自己的文化，从而创造出更为辉煌的现代文明。而文化强国建设以提高全民素质为中心，以中国特色和新的历史条件为基础，建设引领时代的、先进的、共同的精神家园，为社会发展提供了智力支持。

四、文化强国建设为社会发展提供凝聚力量

中华人民共和国成立以后，在中国共产党和全国各族人民的共同努力下，我国的经济建设、科学技术、国防军事领域取得了非凡的成就。

---

① 杜刚，邢巨娟.试论实现人才创造力的主体条件[J].中北大学学报（社会科学版），2012，28(3)：31-35.

这与我国社会主义文化的繁荣兴盛紧密相关。党的十八大以后，随着中国特色社会主义事业的发展，以习近平同志为核心的党中央积极承担新时期文化建设的责任，围绕文化自信、文化强国等文化建设做出一系列的重要指示，增强文化自觉，坚定文化自信，坚持创造性转化、创新性发展，充分调动了全民族的文化创造力。

"中华民族作为一个实体民族，在长期的民族分化、同化与融合的过程中逐渐融为一体，呈现出一种民族共同体的发展样态，既包含了各民族的多样性，又突出了一元的主体性，形成了多元一体的格局。"①建设社会主义文化强国的价值共识，要有一种普遍且坚韧的价值观念。我国各民族有着不同的文化习俗、不同的文化传统，但在国家危难之际，各民族齐心协力、自强不息，这就是中华民族共同的价值观。中华文化是民族情感的纽带，它承载着中华文化认同、文化记忆、民族情感的文化基因，并由此产生了民族共同体的荣辱与共、生生不息的精神。建设中国特色社会主义现代化，要求我们不断加强国家共同体意识，在构建现代化国家的基础上，形成强大的力量支持。在一定程度上，文化能对人的心理产生潜移默化的影响，从而形成一种积极的社会力量。我国需要依靠积极、正面的影响力来发展、成长、凝聚国家力量，增强国家的实力。

文化凝聚是一种超越地域、超越国界的文化心理，是一种向上的道德与价值观念。从精神角度讲，它能凝聚整体的力量，成为社会发展的潜在推动力。文化建设要加强对中华优秀传统文化的认同，加强思想文化建设，把国家精神与时代精神、优秀传统文化与当代文化有机地结合起来，形成最广泛的文化认同，展示新时代中国的精神面貌。

建设文化强国，增强民族自信心，事关民族命运，关乎民族独立，

---

① 杜刚.文化协同视域下中华民族多元一体格局探析[J].社会科学家，2021(8)：136-140.

当国家、民族的文化自信越来越强时，其精神力量也会随之迸发。习近平总书记指出："增强文化自觉和文化自信，是坚定道路自信、理论自信、制度自信的题中应有之义。"① 文化自信是加快实现中国梦的重要动力，也是一代又一代人为之奋斗的精神基石，没有高度的文化自信，没有文化的繁荣兴盛，就没有中华民族的伟大复兴。在中国经济快速发展的今天，我们更应该自觉地保持自己的文化取向，并以强烈的责任感，用实际的行动维护文化尊严，增强文化自豪感。

"文化强国"这一概念已经得到了理论和实践的证实。中国是世界上唯一一个延续的文明，其根源在于文化立国、文化强国的理念。中华语言是伴随着时代的变迁而发展、更新的，在对现代化的追求中，其具有新的生命力和价值内涵。中华文化在历史的纵轴上，开始了新时代的复兴之旅。在全球化的大背景下，中华民族已经确定了自己的定位，并为全人类的发展提供了中国方案和中国智慧，为各国人民提供了丰富的精神滋养，为建设新的国际关系提出了新的思路和途径，开始了社会主义现代化建设的新征程。

第三节　文化强国建设的现实维度

伟大的事业呼唤伟大的实践，伟大的时代昭示伟大的使命。2013 年，习近平总书记在会见俄罗斯汉学家、学习汉语的学生和媒体代表时指出："文化就像一个绵延不断的河流，源头来自远古，又由许多支流、干流汇合而成。河流没有源头不成其为河，支流不发达容易断流干涸，不穿越

---

① 习近平.坚持以人民为中心的创作导向 创作更多无愧于时代的优秀作品 [N].人民日报，2014-10-16(1).

峡谷险滩难展大河雄姿。文化也像树一样，只有根而没有干、枝、叶，没有阳光雨露空气等外面的环境和能量，是不能存活的，更谈不上发展。繁荣发展文化，需要牢牢把握文化的内在特征，尊重规律，不忘本来，吸收外来，面向未来，在继承中发展、在开放中创新、在引领中前行。"

一、不忘本来：立足中国实际，传承创新并重

"不忘本来"就是要立足中华优秀传统文化和丰富的思想精神，坚持以马克思主义为指导，挖掘好、传承好既有文化资源，并赋予其时代新内涵、新价值。传承是创新的重要基石，中华优秀传统文化是我们推进文化强国建设坚实的现实基础和强劲的动力源泉。文化强国战略思想根植于中华民族优秀传统文化、革命文化和社会主义先进文化之中，蕴含丰富的思想内涵，是中华民族几千年来思想与智慧的结晶。新时代背景下，我们应该立足现实、不忘本来，探寻更多有利于文化强国建设与发展的新思路。不忘本来，需要坚持对中华优秀传统文化、革命文化和社会主义先进文化的高度认同，并结合历史条件与时代需求，自觉传承与弘扬。

（一）中华优秀传统文化

中华文化悠悠绵延五千载，蕴含丰富的思想精神和哲学智慧，凝结了古代先人对待人与自然、人与社会、人与人之间的关系的深刻见解与反思，反映了中华民族的价值追求。中华优秀传统文化中蕴含的民本思想、家国思想、和合思想等对当今中国实践与全球治理具有重要的启示意义。

在中华民族数千年的历史长河中，中华儿女多元合一、协同并进，创造出了灿烂的中华优秀传统文化，为中华民族的生存和发展奠定了坚实的思想基础。习近平总书记强调："中华优秀传统文化是中华文明的智慧结晶和精华所在，是中华民族的根和魂，是我们在世界文化激荡中站

稳脚跟的根基。"① 传统文化是中华民族在社会和历史的实践过程中形成的，具有很强的民族特性，通过一代代的传承和发展，其已然渗透到了中华民族生活、生产和思维方式等各个方面。中华民族独特的思想观念、人文精神和道德规范构成了中华优秀传统文化的核心内容。2014 年，习近平总书记在文艺工作座谈会上指出："中华民族在长期实践中培育和形成了独特的思想理念和道德规范，有崇仁爱、重民本、守诚信、讲辩证、尚和合、求大同等思想，有自强不息、敬业乐群、扶正扬善、扶危济困、见义勇为、孝老爱亲等传统美德。中华优秀传统文化中很多思想理念和道德规范，不论过去还是现在，都有其永不褪色的价值。"

中华民族的血液里始终流淌着独特的思想观念。比如，孟子提倡"爱人者，人恒爱之；敬人者，人恒敬之"（《孟子·离娄章句下》）的仁爱思想；司马迁倡导民本思想，主张"制国有常，利民为本"（《史记·赵世家》）；吴兢主张"诚信立则下无二心，德礼形则远人斯格"（《贞观政要·诚信》）的诚信思想；老子力倡"道可道，非常道；名可名，非常名"（《道德经》）的辩证思想；儒家"礼之用，和为贵"（《论语》）的和合思想等等。

中华民族的血液里始终流淌着独特的道德规范。比如，"天行健，君子以自强不息；地势坤，君子以厚德载物"（《周易》）的自强不息思想；"春蚕到死丝方尽，蜡炬成灰泪始干"（《无题·相见时难别亦难》）的敬业奉献思想；"从善如登，从恶如崩"（《国语·周语下》）的扶正扬善思想；"老吾老，以及人之老；幼吾幼，以及人之幼"（《孟子·梁惠王上》）的孝老爱亲思想等等。

中华民族的血液里始终流淌着崇高的担当意识。比如，孔子"朝闻

---

① 习近平.把中国文明历史研究引向深入　推动增强历史自觉坚定文化自信[N].人民日报，2022-05-29(1).

道，夕死可矣"（《论语》），编订"六经"，使儒家典籍得以传承；孟子"穷则独善其身，达则兼善天下"（《孟子·尽心章句上》）；屈原心系民生，"长太息以掩涕兮，哀民生之多艰"（《离骚》）；范仲淹"先天下之忧而忧，后天下之乐而乐"（《岳阳楼记》）；张载"为天地立心，为生民立命，为往圣继绝学，为万世开太平"（《横渠四句》）；顾炎武"天下兴亡，匹夫有责"（《日知录·正始》）等等。这些正是中华民族积极担当使命的真实写照。

中华优秀传统文化充分体现了中华民族的价值追求与社会理想，形成了中华民族独特的民族性格和文化符号，成为中华民族内在的民族秉性与文化标识，促成了中华民族生生不息、不断发展壮大的历史演进。

优秀的传统文化不应是远去的历史、静止的符号。在新时代，我们应结合时代条件，传承和弘扬好中华优秀传统文化，大力推动中华优秀传统文化的创造性转化和创新性发展，助力实现中华民族伟大复兴的中国梦。

当今世界，国际竞争的主要力量已经转化为文化软实力，中华民族特有的优势已经成为中国赢得国际竞争的有力砝码。今天，我们在建设社会主义文化强国的进程中，必须以正确的心态看待中华优秀传统文化，继续弘扬和传承中华优秀传统文化，坚持守正创新，将中华优秀传统文化与社会主义社会融合；要坚持马克思主义基本原则，立足中国实际，在中华优秀传统文化中探寻文化源头，推进马克思主义中国化、时代化，进一步宣介好中国精神，阐释好中国价值，展现好中国力量。

（二）革命文化

自鸦片战争以来，我国逐渐沦为半殖民地半封建社会，人民生活在水深火热之中，遭受的压迫愈加沉重。神州大地上豪杰之士渐起，寻求救亡图存之路。从洋务运动到变法改良再到辛亥革命，封建统治阶级和资产阶级的图强之路均未能取得成功。俄国十月革命一声炮响，给我国送来了马克思列宁主义。而后，中国共产党便在国家内忧外患、风雨飘摇之际成立了。

革命文化诞生于血与火洗礼的革命岁月，是在坚持中国共产党领导下，在中国人民长期的革命斗争中，谱写出的一部红色历史。革命文化鼓舞我们党和人民不惧强敌、不惧压迫、团结一致、英勇奋战、救亡图存。革命文化蕴含红色基因，红色印记业已成为革命文化的独特标识。毋庸置疑，革命文化是新时代文化强国建设的重要精神支撑，为文化强国建设提供强大的信仰支持。

中国共产党在带领中国人民为实现民族解放、国家富强的不懈追求中，形成了历久弥新的革命文化。共产党人始终牢记自己的理想，浴血奋战，艰苦奋斗，团结领导中国人民，形成了自己独特的革命文化，集中体现了中国共产党人在不同历史阶段的革命实践中孕育的革命精神。

革命文化是中国特色社会主义文化的重要内容，是社会主义文化强国建设重要的思想源泉和精神动能。不忘初心，方得始终。我们要以革命文化作为整个社会的精神旗帜，引领社会主义文化强国建设。同时，革命文化是中国共产党精神谱系的构成要素，中国共产党的精神谱系离不开革命文化的滋养。在和平建设时期，我们的革命精神被一代代人不断书写、发扬，直到今天，它仍然流淌在中国人民的血液中。在新的时代背景下，以革命精神为核心的革命文化焕发出了勃勃生机。

（三）社会主义先进文化

党的十六大报告指出："在当代中国，发展先进文化，就是发展面向现代化、面向世界、面向未来的，民族的科学的大众的社会主义文化，以不断丰富人们的精神世界，增强人们的精神力量。"先进文化包括先进的政治、经济、思想道德、科学教育、文学艺术等，具有武装、引导、改造、塑造、激励、丰富人们的精神世界，增强精神力量的功能。先进文化是人类社会发展的需要，是人类改造社会、推动社会发展的重要方式。社会主义先进文化在马克思主义的指引下，在中国伟大社会实践的基础上，对中华优秀传统文化进行继承，对世界优秀的文明成果进行吸收，体现了时代的发展趋势，促进了社会的和谐进步。

习近平总书记指出："要坚持社会主义先进文化前进方向，用社会主义核心价值观凝聚共识、汇聚力量，用优秀文化产品振奋人心、鼓舞士气，用中华优秀传统文化为人民提供丰润的道德滋养，提高精神文明建设水平。"[①]先进文化是推进社会文明进步的内在基础，也是当代中国社会发展的潜在推动力，它包括知识、价值观、理想信念、行为准则等，通过交往、代际、说教等途径，教育社会中的每一位公民，使他们的言行举止符合社会标准，保持对社会的认同，形成社会的共识，从而形成一种重要的价值观念。

先进文化是国家和民族增强综合国力的重要力量，是衡量国家综合实力的一个重要指标，是一条特殊的现代化之路。只有这样的文化，才能在观念上体现出中国先进生产力发展的需要，在思想上体现中国最广大人民的根本利益。也只有这种文化，才能满足中国人民不断提高的精神和文化需求，团结和激励全国各族人民。

先进文化是一个政党先进与否的重要指标。今天，我们要大力推进党和国家的伟大事业，就必须发展先进文化，加强文化建设，抢占文化阵地，用先进文化铸造高尚的精神，构筑起抵御侵袭、拒腐防变的思想长城。毫不夸张地说，先进文化在促进生产力发展的同时，为社会发展注入了新的观念、道德、精神、理想，推动了经济社会的发展。

---

① 中共中央文献研究室.习近平关于社会主义文化建设论述摘编[M].北京：中央文献出版社，2017：12.

社会主义社会要取得全面的发展与进步，除了要在经济上取得巨大的成就外，更要建立一种先进的文化。中国特色社会主义文化立足中国特色社会主义，面向世界科技文化发展的前沿阵地，与社会发展紧密相连，其不仅是中国特色社会主义经济、政治思想的体现和具有中国特色的社会主义经济和政治体制的有机统一，更是中国特色社会主义建设的有机组成部分。

二、吸收外来：坚持开放包容，善于协同融合

中华民族历史悠久、疆域辽阔、民族众多，在华夏大地自古就有数不尽的优秀文化不断产生，并延续下来，成为中华文明从未间断的文化源头，为世界文明史做出了不可磨灭的贡献。在当前建设文化强国进程中，我们应在传承中华优秀传统文化的基础上，科学吸收外来先进文化，坚定文化自信，学习借鉴文明成果。

（一）坚定文化自信

文化兴国运兴，文化强民族强。对于一个民族而言，文化自信是有利于其在与其他民族的交往与互鉴中，实现自身民族文化的相对独立性发展的，而这也显现了其对自身创造的文化的认同与肯定。[①] 对我们国家而言，要想实现伟大复兴的中国梦，不仅需要强大的物质力量，还需要强大的精神力量。为此，我们必须增强文化自觉，坚定文化自信。习近平总书记曾指出："文化自信，是更基础、更广泛、更深厚的自信。在 5 000 多年文明发展中孕育的中华优秀传统文化，在党和人民伟大斗争中孕育的革命文化和社会主义先进文化，积淀着中华民族最深层的精神追求，代表着中华民族独特的精神标识。"[②]

---

① 戴圣鹏．论文化自信的基础与条件 [J]．学术界，2022（1）：119-125．
② 中共中央文献研究室．习近平关于社会主义文化建设论述摘编 [M]．北京：中央文献出版社，2017：13．

文化自信并不是对自身文化的一味赞美和过分追捧，而应以文化自觉为前提，明确自己的文化从哪里来、现在处于什么方位、又将走向何方。悠久的文化传统和既有的文化资源体现了前人的文化创造水平和能力，在此基础上进行的推陈出新则是后人继承前辈文化血脉、彰显自身创造能力的有力展示。① 因此，我们要培育健全的国民文化心态，大力宣传中华优秀传统文化的历史作用、世界贡献和当代价值，大力宣传革命文化的优秀品质与优良传统，大力宣传社会主义先进文化的重大进展与美好未来，并以更加开放的心态、更加宽广的胸怀，积极借鉴人类文明的优秀成果，推动中国特色社会主义文化繁荣兴盛。

（二）借鉴文明成果

人类历史发展到今天，留下了浩如烟海的世界文明成果，如古希腊的建筑艺术，俄罗斯的小说，法国的文学作品，德国的歌曲，我国的楚辞、汉赋、唐诗、宋词、元曲以及明清小说等，它们是由世界各国各民族共同创造的，不仅为本民族提供了丰厚滋养，也为世界文明贡献了华彩篇章。

对于外来文化，我们应运用马克思主义辩证思维加以审视，对其进行深刻剖析，不应一概排斥、全面否定，也不应该囫囵吞枣、全盘接受。首先，做到"敞开胸襟"，以开放的心态加强与世界的交流与融合。这既体现了中华民族博大的胸襟以及对于文化多元的包容，也给世界文明交流与互鉴提供了契机。其次，"辩证看待"。外来文化并非中国本土文化，它们植根于其他国家与民族，其历史渊源、理论渊源等与我国的实际情况不同。在对待外来文化时，我们要深入分析、全面考察，借鉴人类一切优秀文明成果，分辨其糟粕与精华：对糟粕，要剔除，对精华部分，则要加以借鉴与吸收，激发其生命力。最后，注重"融合创新"。

---

① 杜刚 . 全球化视域下文化创造力研究 [M]. 北京：人民出版社，2012：172.

由于中国国情与他国具有明显的差异，所以在吸收、借鉴、融合优秀的外来文化时，我们要立足我国的实际情况，从本土出发，从实际出发，做到外来文化的"本土化"，并建立起具有中国特色的文化体系，推动中华文明创造性转化、创新性发展。

如果说立足中国国情，是对文化自身的主体性的坚守，那么放眼全球就是对自身既有文化的拓展和扩充。因此，推进文化交融和文明互鉴，就是要把中国文化建设的实践纳入世界文化的整体大势之中，积极吸收国外的成功经验，把优秀的文化成果"引进来"，为我所用，同时推进中华文化"走出去"，使我们的文化在国际上的辐射力和渗透力得到进一步增强，从而促进文化多元融合、协同并进。

在全球化背景下，推进文化强国建设不能仅仅把眼光局限在自身国家和民族的狭窄视域之中，而要放眼全球、胸怀世界。一方面，我们要吸收外国文化的精华，丰富和充实中华文化的内涵，使其更具有融合性；另一方面，我们要在全面理解世界各国、各民族文化背景下，实现中华文化的国际表达和世界表述，赢得全世界人民的文化认同。也就是说，我们要在深入挖掘和传承中华优秀传统文化的基础上，不断吸收世界各国的先进文明成果。因此，学习、借鉴世界各国、各民族的优秀文化成就是建设文化强国的必然要求。必须承认的是，在过去的几百年里，资本主义在推进人类工业文明和现代化的进程中，客观上也创造了不少先进的成果，尤其是科技文化成果。我们应坚持扬弃的态度，不断拓宽文化视野，以全新的视角审视世界、审视自己，并根据社会主义现代化强国建设的实际，不断充实和发展中国特色社会文化建设的新内涵，大力提高社会文明程度。

三、面向未来：着眼命运共同体，开创文明新形态

只有拥有强大生命力和创造力的文化，才会拥有未来。面向未来是

一种心态，是一种开放性、包容性、系统性的心智取向，也是一种肩负国家、民族发展进步的责任。面向未来彰显着文化自信，它既是对于历史传统传承与发展的担当，又是对国家、民族未来的憧憬。因此，文化强国建设是立足国情、寄望未来、胸怀世界的战略抉择，是新时代中国文化建设实践的宣言书和动员令。

文化强国建设有助于民族复兴、国家富强、人民幸福的伟大事业，有助于推进社会文明进步和构建社会主义和谐社会。文化强国建设是一种总体性的生成。一般来讲，文化建设并不是独立于社会结构系统的建设与发展，而是与社会其他结构协同并进、整体推进的。新时代文化强国建设作为中国特色社会主义现代化强国建设的有机组成部分，就是实现与经济建设、政治建设、社会建设、生态文明建设的一体化建设、统筹协调，而基于此提出的"文化强国2035"进一步彰显了社会主义制度优势与组织优势，最终必将转化为社会进步优势和竞争优势，助力社会主义现代化强国和中华民族伟大复兴的早日实现。

文化强国建设有助于展现人类文明新形态，推进构建人类命运共同体和实现"美美与共，天下大同"的美好世界图景。总体来讲，文化是人类生存的依据。不同国家或民族的文化具有差异性，反映着其历史的演进轨迹，记录着其生存的基本样态，刻画着其独特属性。正因如此，整个世界才呈现出多彩多姿的发展态势。中华优秀传统文化中蕴含深邃的哲学思维和发展智慧，对于推进全球治理具有重要启示。同时，中国的社会主义现代化走出了一条与以往西方国家现代化不一样的道路，展现出一种人类追求文明进步的新形态、新模式，而文化强国建设必将有力推动中华文化走向世界，为实现世界的"多元一体"、人类文明进步贡献中国智慧和中国方案。

未来中国是现在中国尚未实现的目标，而现在中国是未来中国已然完成的历史。总之，不忘本来、吸收外来、面向未来是中国共产党对待文化建设的基本态度，体现了系统性、历史性和战略性思维，其中也饱含丰富的辩证性和创新性思维。当前，在全面推进社会主义文化强国建设的历史新征程中，我们必须进一步坚定文化自信，以更加开放、包容的心态，尊重文化多样性，积极推进与世界各国各民族文化交流与互鉴，促进全球文化共建、共治、共享。

第三章 文化强国建设的战略支撑：
国家文化软实力

提高国家文化软实力，关系"两个一百年"奋斗目标和中华民族伟大复兴中国梦的实现。[①]

——习近平

21世纪中美之间的竞争与合作并存，但合作的益处显然会超越竞争的作用。希望中美都能各自在对方的国家发展出软实力，那将使我们的世界更加和平、繁荣与和谐。[②]

——约瑟夫·奈

第一节 文化软实力理论溯源

文化软实力包含两个方面，分别为"文化"与"软实力"。虽然"文化软实力"由我国提出，但是"软实力"三个字是外来词汇。接下来，本节即对"软实力""文化软实力"进行辨析与论述。

美国哈佛大学肯尼迪政治学院院长约瑟夫·奈于20世纪80年代首先提出了"软实力"的概念。"软实力"一词也被翻译为"软权力""软

---

① 2013年，习近平总书记在十八届中央政治局第十二次集体学习时的讲话。
② 约瑟夫·奈.软实力[M].马娟娟，译.北京：中信出版社，2013：19.

力量""软国力"等。

20世纪90年代，约瑟夫·奈在之前的基础上，继续推进关于软实力的研究，并不断扩充软实力的理论体系。他在美国多部杂志上发表关于软实力的研究论文，如《变化中的世界力量的本质》《软实力》等，并在专著《美国定能领导世界吗》中，再一次明确了软实力的内容与相关概念。总体来看，他提出软实力的根本目的与落脚点在于同化他国，以美国的文化影响其他国家的文化，从而营造出一个看似一致且和谐的世界图景。

同样是20世纪90年代，我国学者也开始关注软实力这一概念，从此开启了对我国软实力的相关研究。

世纪之交，我国关于软实力的研究呈现出明显增多的趋势，许多学者开始研究软实力乃至与软实力相关的国外期刊文章。不过，此时中国学者的研究往往是对国外的研究进行归纳总结，或简单评论，如《国际关系中的软力量及其他——评美国学者约瑟夫·奈的〈注定领导〉》，或把研究局限在西方国际关系理论的固有框架中，如《西方国际关系理论的新发展——学派、论战、理论》等。

伴随我国对西方思想研究的不断深入，一些具有创新思路与观点的研究文章开始出现，如王沪宁在1993年发表的《作为国家实力的文化：软权力》中，对软实力进行了较为详细的界定，提出要把文化作为一种软实力，并指出虽然软实力由西方提出，但是我国也可以大力发展软实力，这不仅是时代的呼唤，更是我国悠久文化底蕴继续丰富和发展的需要。自此以后，我国掀起了"文化力"研究的热潮，对软实力的研究迈上了新的台阶。

2005年2月27日，一篇题为《文化软实力成为浙江综合竞争力的重要组成部分》的报道发表在《光明日报》上，这是"文化软实力"一词第一次出现在国内大众视野中，引发了国内学者对文化软实力的研究。

对文化软实力的研究，国内学者最早是以区域为视角进行的，将文化软实力作为一个因素来考量一个区域的综合竞争力，主要体现在文化产业以及文化事业发展程度两个方面。2007年以来，关于文化软实力的研究更多的是与国家实力联系在一起，特别是党的十七大报告中明确提出"要坚持社会主义先进文化前进方向，兴起社会主义文化建设新高潮，激发全民族文化创造活力，提高国家文化软实力"①。可以说，"国家文化软实力"概念的提出把中国的文化软实力研究推向了高潮。

综上，软实力这一词汇产生于美国，经过我国学者不断研究，发展为"文化软实力"这一新词汇。相较于软实力，文化软实力则被赋予了更多新的内涵，其根基在于我国悠久的历史与博大精深的文化体系。

第二节　国家文化软实力内涵解析

自党的十七大报告提出"提高国家文化软实力"的概念后，社会各界对文化软实力高度关注。那么，到底何为文化软实力？文化软实力具有怎样的力量？

一、文化软实力的基本内涵

客观来看，实力必须要建构于特定的关系框架之上，这种关系框架是由自己与他人共同构成的。实力就是在这样的框架中，展现自己对他人的实际作用力。"实力是这样一种在他者面前展示自己的存在，从而既改变他者，也改变自己存在状况的力量。从自己出发来看，就是创造

---

① 胡锦涛.高举中国特色社会主义伟大旗帜 为夺取全面建设小康社会新胜利而奋斗：在中国共产党第十七次全国代表大会上的报告[M].北京：人民出版社，2007：33-34.

生存的力量，因为作为自己，拥有这种实力，就可改变自己的存在状况；从他者角度来看，就是征服力，因为作为他者的这种实力，而使自己的存在状况获得了改变。由于改变他者的力量最终来源于改变自己的力量，所以，在一般意义上，实力被统称为生存创造力。"①既然实力指生存创造力，那么文化软实力则是一种"软性"的创造力，或者说文化创造力。

具体来讲，文化软实力的内涵包含如下几个方面：

第一，作为文化软实力来讲，文化是一种力量。一方面，文化具有一定的创造力与创新性。例如，人们大力发掘传统文化，从中吸取利于我国当代与未来发展的"养分"。另一方面，文化具备极强的影响力，能够"辐射"其他国家，从而促使他国对于我国的文化体系产生认同感。

第二，文化意味着一种力量，这种力量既可以成为一种柔性力量，也可以构成一种刚性力量。但当文化被技术武装时，它可能演变为一种刚性力量。

第三，文化一旦成为一种柔性的力量，它就可以用来创造生存创造力，包括自我凝聚其外来文化信息、智慧与方法，也包括对外的竞争力、协调力、融合力、扩张渗透力等。

第四，文化虽然可以成为一种柔性的力量，但这并不意味着所有文化都是软实力，只有当那种拥有实际的生存创造力（内在凝聚力和对外竞争力、协调力、融合力、扩张力）的文化，才可以构成文化软实力。没有生存创造力的文化，很难构成文化软实力。

总而言之，文化软实力是一国以文化为基础，以维护统治阶级利益为目的，并可以引发社会思想共鸣、争取文化认同、激发创造活力、凝聚精神力量的非强制性的方式与国家的经济发展等有机结合，共同推进

---

① 魏榛.高等院校思想政治教育与文化软实力提升研究[M].石家庄：河北人民出版社，2018：32.

国家综合国力提升的过程和结果。

二、文化软实力的特色内涵

文化软实力除了基本内涵之外，还具备其独特的内涵。

（一）社会主义核心价值观具有较强的影响力与吸引力

社会主义核心价值观是以马克思列宁主义为基础，结合中国历代领导人集体智慧，以及中国本土的特色而不断丰富和发展的价值体系。社会主义核心价值观是我国主流的意识形态，是社会群体长期遵循的基本准则，是文化软实力的重要组成部分。社会主义核心价值观集中体现了社会主义先进文化思想，是对社会主义核心价值体系的凝练和集中表达，是国家文化软实力建设的灵魂。在我国，社会主义核心价值观具有极强的引领性，与海外交流的过程中，其又能够凭借强大的包容性影响其他国家，具有极强的吸引力。

（二）传统思想文化具有较强的感染力与渗透力

中华民族拥有 5 000 多年的悠久文明，构成了一个庞大的文化体系。其中不仅包括经过历史洗礼证明是优秀的传统文化，还包括为维护当时统治阶级的利益而产生的消极的文化内容。这些元素相互作用、相互融合，共同构成了中华传统文化。中华传统文化之所以历经数千年仍历久弥新，主要得益于在历史语境中形成的文化精髓，即中华优秀传统文化。在整个历史发展过程中，中华优秀传统文化发挥了极其重要的作用，并已深入人们的日常生活中，对中华民族乃至整个世界都产生了深远影响。例如，在 2 500 多年前的先秦时期，我国就已经绽放出了举世瞩目的"思想光辉"。春秋战国时期，中国社会动荡、诸侯纷争、群雄并起，就在这乱世之中，却出现了"巨人井喷""思想荟萃"的局面，许多"思想巨人"都从不同视角出发，形成了不同的思想理论体系，为解救当时的社会开出"药方"。在儒、道、墨、名、法等学派的影响之下，我国形成了极为庞大的思想体系，这一思想体系承载了我国千年的文明与传统，具有极强的感染力、渗透力、传播力，不仅感染每一位国人，促进他们形成优良的品德，促进社会形成良好的风气，也影响着与中国交流的其他国家，并渗入其他国家的文化体系之中。正因如此，中华民族传统文化才拥有了更加持久的生命力和深远的感染力。

（三）文化发展机制的创新力

创新是一个国家文化软实力的核心要素和基本资源，创新力是展现文化亲和力的高级密码，文化创新力对一个国家的发展具有至关重要的作用，是国家文化发展水平的重要指标之一。缺少文化创新力的国家必然会失去文化发展的优势。中华文化历经沧桑而源远流长，而那些消失不见或者融于其他文明的文化，究其原因，主要是因为历史上曾经拥有繁荣文化的国家，在文化建设方面没有与时俱进，对自身文化进行改造或融合其他文化的能力有限，导致其文化创新力日渐贫弱，最终消失在人类文明历史的长河中。强化中国文化的创造活力、内容魅力、竞争实力，全面提升中国文化软实力，创新力的战略实施是重要对策。

第三节　国家文化软实力基本特征

文化软实力作为一种与经济、军事等传统硬实力相对的具有软性特质的社会力量，与硬实力有着本质的区别。同时，文化软实力作为软实力的一个重要组成部分，又与软实力的其他组成部分有着明显差别。综合来看，文化软实力的基本特征主要包含以下几点。

一、整体性

文化一经生成，本质上就成为一种现实的力量。它反映着人类所处生存境遇以及由此而产生的现实成果，即人类在改造世界过程中形成的物质成果、制度或习俗以及精神成果的总和；据此而言，不同国家或民族的文化总是基于其自身历史演进与发展进程中形成的既有文化资源而创造出的总体性成果，这些成果又客观上影响和制约着人们的行为。文化的总体性生成也在一定程度上决定了文化作为一种软实力，其效用的发挥具有整体性的特征。

文化软实力作为国家综合国力的重要组成部分，反映着国家文化建设的现实水平，是衡量和评价国家文化实力的重要指针。文化软实力是一种合力。作为人特有的生存方式，文化与人息息相关、同生共进。文化业已融入人类社会生活的方方面面。基于多元化的人类社会生活领域，多样化的文化建设内涵开始形成，并衍生出多元化的文化软实力指标体系。这些指标体系又可划分为不同的层级。故此，文化软实力作为一个复杂系统，呈现出多元化、多层级、交互性的特点，但其效用的发挥并不是杂乱无序的，而是协同并进、融合增效的，具有整体效力。事实上，文化软实力的结构属性决定了文化软实力的整体性特征。一般来讲，文化软实力就其基本结构和效能而言，主要包括文化资源力、文化凝聚力、文化传承力、文化传播力和文化创造力等五个基本指标。其中，文化资源力客观上反映既有文化资源、文化基础设施以及文化材质资源等现实基础，是文化软实力要素中的基础性指标；文化凝聚力是通过运用和开发现有文化资源，对其社会成员的价值观念和精神理念的优化整合而产生的向心力和感召力，它是文化的社会治理功能的体现；文化传承力是文化软实力承担的文化保护、传承与接续能力的体现，是国家或民族赓续历史传统和文化血脉的重要指标，是一种"历时态"的评价指标；文化传播力是文化得以延展与扩散的现实力量，具有"共时态"的特性，体现了文化交融进程中的国际话语权与国际影响力，是文化吸引力和竞争力的重要倚重；文化创造力则是度量文化革新能力的重要指标，是文化生命力和创新力的体现，反映着文化的现实发展水平和未来发展潜能。

综上所述，文化软实力的整体性特征，不仅体现为其效能发挥的总体性，还体现为其各构成要素和指标体系是相互联系、相互影响的复杂系统，具有协同效应。

二、内生性

内生性是文化软实力的又一重要特征。内生性本是与企业息息相关的一个词语，属于经济学的范畴，表示模型中的一个或多个解释变量与随机扰动项相关。在这里，我们对内生性做出了新的解释：文化软实力的内生性指文化软实力持续发展的动力与其价值均由其自身决定，即文化软实力具有发展的内在动力（内驱力）。

虽然文化软实力的发展依赖经济的硬实力，但这并不意味着硬实力强大之后软实力必然会在很大程度上发展。事实上，文化有着自身的发展规律，它是在原有的文化软实力的基础上不断创新进而发展的。因此，很多时候国家文化软实力的强弱和经济硬实力的发展水平并不一致。正如马克思在《〈政治经济学批判〉序言、导言》中指出："关于艺术，大家知道，它的一定的繁盛时期绝不是同社会的一般发展成正比例的，因而也绝不是同仿佛是社会组织的骨骼的物质基础的一般发展成正比例的。"在我国，华夏大地的传统文化起源于原始社会末期，在春秋战国时期开始大发展，这时中国的思想界发展如日中天，各种思潮"争相林立"，可谓我国文化发展史上的爆发期。此时传统文化"爆发"的主要原因并不是经济实力的雄厚，最根本的原因是文化具有其自身的传播性，它能够自然而然地在不同的个体间，在社会之中进行隐形传播，在不断传播中发展，最终演变为最适应时下社会的形态。在人类历史上，也有很多国家的文化软实力与经济发展水平不相符，但文化软实力内核强大。可见，在人类社会发展的过程中，文化软实力与经济发展水平并不是完全对应的，文化软实力有其自身的内在驱动力。

另外，文化软实力的内生性还体现为其具有的民族性上，各民族文化软实力均产生于民族内部，并不是源自外部，如我国藏族的文化与习俗均产生于藏族人民或藏族地区，我国满族的文化与习俗均产生于满族人民或满族地区，等等。但文化本身具有交融性，极容易受到外来民族与文化的影响。笔者认为，外来文化对本地文化的影响只是一小部分，每一个民族经历长期的生活实践后，其生活方式、思维方式早已固化为一种固定的"程式"，很难在短期内因受到其他文化的影响便发生转变。所以，文化软实力的内生性也相当于其自身的一种内源性。

三、价值性

文化软实力具有价值性，其核心要素是文化。文化作为人类社会文明的重要组成部分，具有极高的社会价值与意义。文化涵括智慧群族从过去到未来的历史，是群族基于自然的所有活动内容，是群族所有物质表象与精神内在的整体。文化软实力除了包含观念形态诸如宗教信仰、价值观念等意识形态的东西之外，还包括文学艺术和一切知识成果在内的精神产品，以及博物馆与图书馆在内的各种文化场所等。

在人类历史的长久发展中，文化软实力一直体现着其重要的价值与功能，无论是对社会中的个体，还是对社会整体，抑或是对整个人类文明的发展，都具有极高的价值。

（一）文化软实力对于个人的引领价值

我国文化软实力对于社会中的个体具有较强的影响。随着文化软实力的不断提升，整个社会的文化教育水平得到极大提高，发展规模逐渐扩大，这就为社会成员提升自身文化水平营造了良好的氛围，提供了有力的保障，有利于个体朝着更加正确的方向发展。文化软实力挖掘文化产品的育人功效，不断扩大生产，进行消费运作，在实现人们对文化需求的不断满足中，陶冶高尚的道德情操，在潜移默化中丰富全体成员的文化素养，为人的发展提供有力的精神保障。我国社会提倡的价值体系是社会主义核心价值观，其主要内容包括"富强、民主、文明、和谐、自由、平等、公正、法治、爱国、敬业、诚信、友善"，这24个字虽然比较简洁，但内涵和价值极其丰富，对于个体具有强大的精神引领作用，能够促使人们逐渐树立正确的价值观念。

（二）文化软实力对于社会发展的推动价值

中华民族有着深厚的文化底蕴，无论何时，文化的价值都是我们必须重视的重要内容。一方面，丰富而充足的文化内容能够为社会的发展提供强大的思想基础。以我国为例，中华民族的文化已经有几千年的历史，在这几千年中，中国文化兼容并蓄、博采众长，吸纳各民族文化的优势，形成了体量极为庞大的"文化群"，其中的许多内容即使已经历经千年，依然对于当前社会发展具有一定的启发价值与借鉴价值。另一方面，文化能够为社会的发展提供强大的精神动力与精神支持。仅20世纪以来，无论是为了拯救华夏民族表现出来的英勇豪迈，还是为了促进我国社会主义生产与建设表现出来的不畏艰难与拼搏进取，那些宝贵的思想文化内容都是我国社会主义建设的精神动力。

文化力量的发挥能够促使一个民族及其社会成员产生共同的价值理念，提升社会的文化认同度，增强社会凝聚力和向心力，实现社会的繁荣进步。文化是民族凝聚力的坚实基础，因此，文化软实力为增强民族凝聚力提供了有力支撑。我国是一个由56个民族组成的多民族国家，正是靠着强大的民族凝聚力而立足世界民族之林，在5 000多年的历史发展中经久不衰。文化内含的软实力可以帮助社会成员认识共同的利益，借以超越彼此的差异而求大同，促进社会不断向前发展。

（三）文化软实力对综合国力的提升价值

文化软实力能够增强国家经济实力。价值观念是文化软实力的核心内容之一，社会运行采取什么样的经济体制和经济政策，都要受到特定背景下的价值制约，没有内在的文化含量和精神动因的经济活动必然是没有效率和空洞的。作为我国主流价值观念的社会主义核心价值观就为社会经济的健康发展提供了有力的保障。文化软实力中的制度、习俗等形成的文化环境也影响着经济的发展。在不同的文化环境中，社会个体对于经济的理解不同，这就直接导致经济活动的效率不同，如温州正是有着良好的经商氛围才促进了个体经济的快速发展。当今世界，经济发展越来越依赖文化支撑，文化正成为综合国力竞争的重要手段。

文化软实力增强国家政治实力。文化软实力是国家政治实力的衡量标准。当今世界日益呈现多极化趋势，国际交往密切，各个国家利益彼此交错，战争和武力不再是解决国际争端的主要方式。在这一背景下，谁占据了文化的主导权，谁就能在国际上赢得更多的话语权，进而稳固自身政治实力。

总之，文化软实力作为一种精神力量，能够在人们认识世界、改造世界的过程中对社会发展产生深刻的影响。这种影响，不仅表现在个人的成长历程中，还表现在国家和民族的发展历史中。

四、融合性

文化软实力的主体是文化。文化作为人类社会发展的必然产物，作为人类长期以来生活实践的见证，其并非单一的、孤立的、封闭的，而是多元的、互动的、开放的。

中国文化具有很强的包容性，兼收并蓄，多元整合。中国文化在漫长的发展过程中，融汇、吸收了多个民族的文化，包括历史上的匈奴、鲜卑、契丹等。同样，中国文化吸纳了具有鲜明特色和不同风俗习惯的区域文化，具有开放、包容的特性，其内涵不断丰富和发展。无论是历史上的"百花齐放，百家争鸣"，还是儒释道并立到合流，都是价值取向的日益融合，是中国文化具有融合性的生动体现。

在国家的长期发展中，不同区域的气候差异、资源差异等造就了各地各具特色的民族文化体系。

就国内而言，我国居住于寒冷、干燥的东北地区的人民，在长期的劳动与实践中，形成了冻梨、酸菜等饮食文化，以及火盆、火炕等日常生活文化；我国居住于温热、湿润的江南地区的人民，则在长期的实践中，形成了重蔬菜、求食益的饮食文化，慎杀生、求至善的生活文化等。又由于江南一带经济富庶、文化昌明，这一地区还发展出开放包容、敢为人先、崇文重教、精益求精的精神文化体系。

就国外而言，西方沿海国家在海洋经济与个人主义的影响下养成了热爱冒险、勇于探索、向往自由、追求智性的思想方式。这与我国人民自古在小农经济与血缘宗族的影响下养成的踏实肯干、注重伦理、追求品德的文化谱系不同。可见，不同国度的人民在文化层面具有明显的区别。

随着时代发展，当代社会的经济水平与科学水平取得显著进步，新媒体成为人们交流的新桥梁与新媒介，国与国之间、民族与民族之间的交流日渐加深。

在经济全球化的趋势下，文化全球化也成为一个显著的趋势。早在20世纪初，我国便已经开始在海外诸国开办孔子学院，无论是日本、韩国、美国，还是新加坡、泰国、马来西亚，可谓"遍地开花"。孔子学院在海外广泛传播中国文化，教外国孩子学习中文，学习中国的传统文化，许多国际友人深受中国文化影响，这便是中国文化国际化的显著体现。总之，新时代，各国各民族文化的交流成为主流，文化融合的趋势愈发明显。

五、动态性

按照马克思主义唯物辩证法观点，任何事物都处在不停变化与运动之中，文化软实力也是如此。文化软实力的动态性主要是指一个国家的文化软实力是在一定的时代背景下形成的，软实力的具体内容会随着时代的变化而变化。

文化软实力是以文化为基础的软实力，不仅包含我国古代人民创造的传统文化，也包含近现代革命与斗争中创造的革命文化，更有结合了当下的时代特征而形成的社会主义先进文化，这些都是文化软实力动态性的鲜明体现。

就传统文化来讲，我国传统文化历史悠久、博大精深。春秋战国时期，中国出现了"百家争鸣"的盛况，儒家、道家、墨家、名家、法家纷纷提出自己的治世主张，以期改变当时纷乱的社会现状。而他们的观点与理论体系在经过多年流传之后，不仅保存了下来，更经过历代思想家的发展，被赋予了更加丰富的内容。我国古代产生的其他文化，如服饰文化、剪纸文化、音乐文化、书画文化、雕刻文化等，也始终保持着蓬勃生机，并由各领域的"接班人"不断丰富和发展，处于从未间断的发展与变化的动态过程之中。

就革命精神来讲，我国的革命精神产生于20世纪初。在这一时期，中国共产党领导集体从未放弃心中的理想，他们从思想上武装自己，在斗争中提升自己，如1935—1948年中国共产党形成了伟大的延安精神，又在20世纪50年代形成了勇于开拓、不懈努力的北大荒精神。不同的历史时期孕育出具有时代特色的伟大精神，在中华人民共和国数十年的风雨历程之中，一代又一代共产党人不忘历史，立足现实，展望未来，不断孕育和形成新的革命精神，形成了集延安精神、西柏坡精神、北大荒精神、两弹一星精神、大庆精神、抗震救灾精神等在内的中国共产党人的精神谱系。可见，我国的革命精神作为文化软实力的重要组成部分，也是时刻处于发展与变化的动态过程中，其无论是内容还是主旨，都并非一成不变。

还有，在我国历史上，儒学在很长一段时间内都备受统治者的推崇，在社会占据主流地位，作为当时文化软实力的重要内容，对整个中国和周围的国家的发展都产生了深远的影响。今天，中国已经进入社会主义新时代，社会文化发展的主流变成了以马克思主义为指导的中国特色社会主义文化。换言之，中国特色社会主义文化就是当代文化软实力的重要组成部分。可见，文化软实力的发展是动态的，其具体内容是随着时代的变化而变化的。

综上所述，文化软实力是衡量和评价国家文化建设水平的关键指标。新时代，全面提升国家文化软实力是社会主义文化强国建设的重要内涵，是社会主义现代化强国建设伟大战略目标实现的重要倚重，也是事关中华民族伟大复兴的中国梦实现的全局性、战略性的重要举措。习近平总书记在十八届中央政治局第十二次集体学习时指出："提高国家文化软实力，关系'两个一百年'奋斗目标和中华民族伟大复兴中国梦的实现。要弘扬社会主义先进文化，深化文化体制改革，推动社会主义文化大发展大繁荣，增强全民族文化创造活力，推动文化事业全面繁荣、文化产业快速发展，不断丰富人民精神世界、增强人民精神力量，不断增强文化整体实力和竞争力，朝着建设社会主义文化强国的目标不断前进。"当前，面对波诡云谲的复杂国际局势，提升国家文化软实力是时代赋予我们的重要使命。我们应该从国家发展战略的高度予以审视，坚定文化自信，久久为功，发扬历史主动精神，矢志不移地为建设社会主义文化强国、实现文化现代化而努力奋斗。

第四章　机遇与挑战：国家文化软实力提升的现实背景

大时代需要大格局，大格局呼唤大胸怀。[①]

——习近平

当前，伴随着日趋激烈的综合国力竞争，国家文化软实力竞争也愈加激烈。许多国家将提升国家文化软实力确定为发展战略，力求在世界格局中占据主动地位。具体到我国而言，提升国家文化软实力迫在眉睫。

在中国共产党的领导下，在全国各族人民的共同努力下，我国已顺利实现第一个百年奋斗目标，正在意气风发地向着第二个百年奋斗目标迈进。站在"两个一百年"的历史交汇点，我国提升文化软实力面临难得的历史机遇。一方面，中国特色社会主义进入新时代；另一方面，世界处于百年未有之大变局，国际格局发生深刻转变，中国发展面临重大机遇。

---

① 习近平.加强政党合作 共谋人民幸福[J].当代世界，2021（7）：4-9.

第一节　中国特色社会主义进入新时代

中共十九届六中全会通过的《中共中央关于党的百年奋斗重大成就和历史经验的决议》指出，"中国特色社会主义新时代是承前启后、继往开来、在新的历史条件下继续夺取中国特色社会主义伟大胜利的时代，是决胜全面建成小康社会、进而全面建设社会主义现代化强国的时代，是全国各族人民团结奋斗、不断创造美好生活、逐步实现全体人民共同富裕的时代，是全体中华儿女勠力同心、奋力实现中华民族伟大复兴中国梦的时代，是我国不断为人类作出更大贡献的时代。"新时代，我国综合国力不断提升，人民公共文化服务需求进一步高质量发展，现代文化产业发展呈现出不竭的内生动力。

一、综合国力不断提升

综合国力是衡量一个国家基本国情和基本资源最重要的指标。近些年，在党中央的正确领导之下，我国取得了一系列重大成就，在诸多领域实现了重大突破。

（一）经济发展实现更大突破

近些年，党中央带领全国各族人民风雨兼程，勇往直前，实现了GDP增长的历史性跨越。1978年，我国经济总量位居世界第十。2000年，我国成为世界第六大经济体。2008年，我国经济总量超过德国，居于世界第三。2010年，我国GDP超过日本，成为世界第二大经济体。党的十八大以来，在中国共产党的领导下，2016年、2017年、2018年我国经济总量连续突破70万亿、80万亿、90万亿大关（表4-1）。2020年，我国成为全球唯一实现经济正增长的主要经济体。2021年，我国经济

规模达到 114.4 万亿元，人均 GDP 达到 80 976 元，超过世界人均 GDP
水平。

表 4-1　1978—2021 年中国 GDP 发展情况

年份/年	GDP/亿元	人均 GDP/（元·人⁻¹）
1978	3 645.2	381
1979	4 062.6	419
1980	4 545.6	463
1981	4 891.6	492
1982	5 323.4	528
1983	5 962.7	583
1984	7 208.1	695
1985	7 780	858
1986	9 380	963
1987	10 920	1 112
1988	13 853	1 366
1989	15 677	1 519
1990	17 400	1 644
1991	19 580	1 893
1992	23 938	2 311
1993	31 380	2 998
1994	43 800	4 044
1995	57 733	5 046
1996	67 795	5 846
1997	74 772	6 420
1998	79 553	6 796

续表

年份/年	GDP/亿元	人均GDP/（元·人⁻¹）
1999	82 054	7 159
2000	89 404	7 858
2001	109 655	8 622
2002	120 333	9 398
2003	135 823	10 542
2004	159 878	12 336
2005	184 937	14 040
2006	216 314	16 024
2007	265 810	18 868
2008	314 045	23 128
2009	340 903	25 608
2010	408 903	30 015
2011	484 124	36 403
2012	540 367	40 007
2013	595 244	43 852
2014	641 281	47 203
2015	688 858	49 351
2016	746 395	53 980
2017	832 036	59 660
2018	919 281	64 644
2019	986 515	70 892
2020	1 013 567	72 447
2021	1 143 670	80 976

资料来源：根据国家统计局网站整理

目前，我国经济发展实现更大突破，已连续多年稳居世界第二大经济体、第二大消费市场、制造业第一大国、货物贸易第一大国、外汇储备第一大国。我国已顺利实现第一个百年奋斗目标，全面建成了小康社会，历史性地解决了绝对贫困问题，人民的幸福感、获得感不断增强。

除此之外，我国经济结构也发生了深刻的变化，产业结构、需求结构、城乡区域结构不断调整优化。在产业结构方面，我国三种产业分别为第一产业（农业）、第二产业（工业和建筑业）、第三产业（除第一产业、第二产业以外的其他各业）。自 20 世纪 80 年代之后，我国大力发展第三产业，不断增加服务业比重，实现产业结构的快速转型。同时，我国加快培育发展战略性新兴产业等，大数据、云计算等技术加快推广应用，工业机器人、智能制造加速崛起，中国制造向中高端进军。在需求结构方面，我国不断推进供给侧结构性改革与需求侧管理，注重短期调控，不断打通堵点，补齐短板，扩大内需。在城乡区域方面，我国打赢脱贫攻坚战，全面建成了小康社会，并建立了动态监测和帮扶机制；实施西部大开发、振兴东北地区等政策，不断推进京津冀协同发展、长江经济带高质量发展，加快推进粤港澳大湾区的建设，努力为推动经济高质量发展注入强大动力。

（二）民主政治建设有效加强

一个国家的综合实力，不仅仅表现在经济发展水平上，还表现在政治形态上。中华人民共和国成立以来，中国共产党带领中国人民在实践中，成功开辟了一条符合我国国情的中国特色社会主义政治发展道路，坚持发展社会主义民主，并取得了重大进展。

在中国共产党的领导下，我们通过人民民主革命，建立了人民民主专政的国家政权，实现了国家独立和民族解放；通过社会主义改造，建立了社会主义制度，使人民成为国家的主人，国家的一切权力都属于人民。党的十八大以来，以习近平同志为核心的党中央全面深化改革，坚持党的领导、人民当家作主、依法治国有机统一，不断完善和发展中国特色社会主义制度，推进国家治理体系和治理能力的现代化。

我们始终坚持党的全面领导，并把党的政治建设放在首位。中国共产党的领导是中国特色社会主义最本质的特征，也是中国特色社会主义制度的最大优势。在发展过程中，我们始终发挥党总揽全局、协调各方的领导核心作用，强化党对一切领域的全面领导；注重加强政治建设，坚持党的政治立场、政治方向、政治原则、政治道路不动摇，真正将民主集中制贯彻到底。

我们始终坚持以人民为中心的发展思想，不断健全人民当家作主的制度体系，积极发展全过程人民民主，注重程序民主和实质民主，畅通人民有序进行政治参与的民主渠道，丰富民主形式，使国家治理最大限度地体现人民意志、保障人民权益。

我们始终坚持依法治国，尊重宪法权威，完善中国特色社会主义法律体系与法治理论，并不断深化依法治国实践，推进法治政府建设。

（三）科技创新赋能社会发展

党的十八大以来，以习近平同志为核心的党中央着眼世界发展大势，高度重视科技创新。党的十九大报告强调，"创新是引领发展的第一动力，是建设现代化经济体系的战略支撑"，进一步明确了科技创新的战略地位。

近年来，我国在基础前沿、战略高技术和民生科技等领域取得重大进展，具体如表 4-2 所示。

表4-2 我国近年科技领域所取得的成绩（部分）

领 域	成 果	
新材料	石墨烯高清热成像技术	氢键有机框架材料
信息技术	大型枢纽机场行李分拣系统	超级计算机"天河二号"
智能制造	世界最长、最高电压等级输电工程——长江大跨越杆塔封顶	新一代刚性可循环热缩管
生物技术	可控制 DNA 开关	基因编辑新技术
清洁能源	高温超导磁体	太阳能光伏取水关键技术
现代交通	港珠澳大桥主体工程	北斗米级快速定位芯片
医药健康	靶向细胞药物导入技术	高低温复式肿瘤微创治疗设备
现代农业	典型农区农业面源污染防控关键技术	水稻多基因定点编辑
环境保护	园林垃圾就地堆肥利用	抗生素残留降解
海洋开发	海洋可再生能源装备	"蛟龙"号载人潜水器
资源科技	散裂中子源工程	"绿色"火电工程

（四）军事力量提供强大支撑

国防建设对于一个国家的主权独立与领土完整具有重大的推进作用。然而，当前国际局势发生深刻的变化，国际形势中的不稳定、不确定因素明显增加。在这种情况下，各国都十分重视国防建设。

强国必须强军，军强才能国安。党的十八大以来，我国全面推进国防和军队现代化，加强政治建军、改革强军、科技强军、人才强军、依法治军，不断增强军事力量。

二、公共文化服务高质量发展

改革开放以来，党中央高度重视公共文化服务体系的建设，一直将其作为改革的重要内容。党的十九大报告指出："完善公共文化服务体系，深入实施文化惠民工程，丰富群众性文化活动。"中共十九届四中全会通过的《中共中央关于坚持和完善中国特色社会主义制度 推进国家治理体系和治理能力现代化若干重大问题的决定》也指出，要"完善城乡公共文化服务体系"。《"十四五"公共文化服务体系建设规划》则强调，要进一步提升治理能力，努力提供更高质量、更有效率、更加公平、更可持续的公共文化服务。在党中央的高度重视下，各级政府加大公共文化服务的建设力度，切实保障人民群众的基本文化权益，提升人民群众文化的获得感与幸福感，为人民创建更加美好的生活。

（一）基础设施比较齐全

党的十八大以来，我国公共文化服务体系快速发展，呈现出整体推进、重点突破、全面提升的良好发展态势，覆盖城乡的文化设施网络基本建立。"三馆一站"公共文化服务设施全部免费开放，基本实现了"县有公共图书馆、文化馆，乡有综合文化站"的建设目标。

（二）经费投入明显增加

"财政的经费投入是公共文化服务体系建设中最关键的保障因素。随着我国经济的持续快速增长，国家层面公共文化服务体系建设的经费投入也稳步增加，使我国公共文化服务的发展得到了强有力的保障。"[①]

近些年，我国加大公共文化服务的经费投入。中华人民共和国文化和旅游部的统计数据显示，2012 年，全国文化事业费为 480.10 亿元，占国家财政总支出的比重为 0.38%；2016 年，全国文化事业费为 770.69 亿元，占国家财政总支出的比重达到 0.41%；党的十八大以来，全国文化事业费增速每年都超过 10.0%。2022 年，财政部下达 2022 年中央支持地方公共文化服务体系建设补助资金预算达到 12.3 亿元（表 4-3）。截至

---

① 高福安.公共文化服务体系建设创新研究 [M].北京：中国传媒大学出版社，2018：11.

2022 年底，我国已累计下达相关预算资金 145.1 亿元，用于支持完善公共文化服务体系，提升公共文化服务水平。在财政资金的支持下，各地文化部门贯彻落实国务院办公厅印发的《关于推进基层综合性文化服务中心建设的指导意见》，在乡镇（街道）、村（社区）层面统筹建设集宣传文化、党员教育、科学普及、普法教育、体育健身等多功能于一身的基层综合性文化服务中心。浙江、甘肃、广西、安徽等试点已普遍建成布局合理、功能配套、供需衔接、各具特色的基层综合文化服务中心。

除此之外，政府还注重调整经费的投入结构，注重科学配比，以促进协调发展。一方面，基于国内不同区域的发展情况，政府适当加大西部地区的扶持力度；另一方面，政府注重城乡一体化发展，高度重视乡镇的公共文化发展，针对中西部的农村文化服务建设，中央财政重点开展广播电视村村通、全国文化信息资源共享、乡镇综合文化站和基层文化阵地建设、农村电影放映、农家书屋建设这五大工程，以切实加强农村的文化服务建设。

表 4-3　2022 年中央支持地方公共文化服务体系建设补助资金预算

单位：万元

地区（单位）	2022 年预算数	提前下达数	此次下达数
合计	1 450 939	1 327 692	123 247
北京	8 984	9 171	−187
天津	10 983	10 818	165
河北	66 194	60 901	5 293
山西	46 914	44 923	1 991
内蒙古	60 822	55 432	5 390
辽宁（不含大连）	31 771	29 003	2 768
大连	3 108	2 971	137

续表

地区（单位）	2022 年预算数	提前下达数	此次下达数
吉林	35 662	33 652	2 010
黑龙江	47 695	45 142	2 553
上海	9 393	9 836	−443
江苏	37 921	32 064	5 857
浙江（不含宁波）	31 884	27 436	4 448
宁波	3 714	3 411	303
安徽	48 175	43 876	4 299
福建（不含厦门）	29 963	27 348	2 615
厦门	2 216	2 109	107
江西	50 184	45 655	4 529
山东（不含青岛）	55 501	50 922	4 579
青岛	3 807	3 623	184
河南	73 434	66 379	7 055
湖北	57 218	53 563	3 655
湖南	61 552	55 988	5 564
广东（不含深圳）	44 514	37 886	6 628
深圳	1 261	1 216	45
广西	53 106	48 179	4 927
海南	24 605	23 276	1 329
重庆	36 679	31 526	5 153
四川	81 785	79 052	2 733
贵州	51 129	45 710	5 419
云南	71 374	67 038	4 336
西藏	48 561	45 185 .	3 376

续表

地区（单位）	2022 年预算数	提前下达数	此次下达数
陕西	50 175	45 157	5 018
甘肃	64 725	60 347	4 378
青海	42 548	39 478	3 070
宁夏	29 362	26 333	3 029
新疆	56 735	53 586	3 149
新疆生产建设兵团	17 285	9 500	7 785

资料来源：财政部网站

（三）惠民工程颇具成效

2008 年 10 月，中共十七届三中全会审议通过《中共中央关于推进农村改革发展若干重大问题的决定》，要求繁荣发展农村文化，推进一批重点文化惠民工程。党的十九大报告中也指出，要不断"完善公共文化服务体系，深入实施文化惠民工程，丰富群众性文化活动"。

开展文化惠民工程，是我们党立党为公、执政为民的执政理念在文化建设上的具体体现，是推进社会主义文化大发展的重大举措，是构建公共文化服务体系、推动城乡基本公共文化服务均等化的重要途径。近些年，我国推出大量惠民工程，如广播电视村村通、文化信息资源共享、农家书屋等工程，通过加强公共文化设施建设、增加公共文化产品和服务供给，满足人民群众多层次、多方面、多样化的精神文化需求，帮助人民群众更加充分地享受文化发展成果，切实保障人民群众的基本文化权益。

各省市在党中央的号召下也积极开展群众文化惠民工程。比如，2018 年，湖南省深化医疗改革，向社会推出包含新农合惠民工程、卫生项目建设工程、重大疾病救治工程等在内的 10 项惠民工程，到年底，10

项惠民工程圆满完成，群众普遍受益，社会好评不断。又如，2020年，山西省正式启动群众文化惠民工程，周期为5年，主要依托公共文化服务阵地、社会组织等，形成强大合力，推动实施"五个一批"文化项目（打造一批群众文化惠民服务品牌；培育一批乡村群众文艺队伍；挖掘一批乡土文化能人艺人；培养一批乡村文化带头人；支持一批专业文艺演出），力争用5年时间实现文化活动的常态化、品牌化，提升公共文化服务的实效性。

三、现代文化产业发展的内生动力

在我国，文化产业是伴随改革开放出现的新生事物，其发展速度非常迅猛，如今已经成为我国经济发展新的增长点。作为新时代中的新型产业形态，现代文化产业被誉为21世纪的"朝阳产业"，代表着先进的生产力，是国家文化软实力的重要组成部分。

新时代，我国文化产业的发展面临着许多机遇，不断壮大的经济实力、良好的内部环境和发达的科学技术，为我国文化产业快速发展奠定了强大的基础；开放的条件和超前的技术手段带给文化产业发展以新的契机。文化产业的发展不仅受到国家的高度重视，也受到社会各方面的密切关注。把发展现代文化产业摆在文化建设的重要位置来抓，是国家文化发展和提高我国文化软实力的重要战略。

党的十八大以来，一系列文化产业政策出台，有效推进了文化改革，文化产业整体竞争力明显提高。经过"十三五"时期的快速发展，文化产业增加值不断刷新，增速不断加快，占GDP的比重不断提高，文化产业向国民经济支柱产业大步迈进。国家统计局于2023年1月30日发布的数据显示，2022年，全国规模以上文化及相关产业企业实现营业收入121 805亿元，比上年增长0.9%。在9个文化行业中，内容创作生产、新闻信息服务、文化投资运营、文化装备生产和文化消费终端生产等5

个行业营业收入比上年实现增长，增速分别为 3.4%、3.3%、3.2%、2.1%和 0.3%。可见，我国现代文化产业快速发展，文化产业正发生着质和量的飞跃。

在文化产业发展过程中，创新在时尚变化和观念更新方面引领着人们文化生活品质的不断提高。党的十九大报告明确提出，要"培育新型文化业态"；《"十四五"文化产业发展规划》也指出，要将"推动文化产业高质量发展"置于重要地位。这些体现了文化改革发展的指导思想，并指向了 2035 年建成文化强国的远景目标。值得注意的是，在当前文化产业创新发展过程中，与科技融合、数字化转型成为重要动力，文化产业也在朝着家庭化、数字化、智慧化的方向发展，日益成为引领未来发展的核心支柱产业。2020 年 9 月 17 日，习近平总书记在"中国 V 谷"马栏山视频文创产业园考察时指出："文化产业是一个朝阳产业。现在文化和技术深入结合，文化产业快速发展，从业人员也在不断增长，这既是一个迅速发展的产业，也是一个巨大的人才蓄水池。在'十四五'规划中，要重视这项产业。"

2022 年，我国现代文化产业体系不断健全，文化产品供给质量稳步提升，文化消费市场总体趋向活跃，文化产业规模有望持续发展壮大，而这也催生着文化软实力的进一步提升。

第二节　世界处于百年未有之大变局

当今世界正处于百年未有之大变局，国际格局和国际体系正在发生深刻调整，全球治理体系正在发生深刻变革，国际力量对比正在发生近代以来最具革命性的变化。

一、科技革命与经济全球化交织影响

经济基础决定上层建筑。人类社会发生改变的根源就在于生产力与生产关系、经济基础与上层建筑的矛盾运动，其中生产力的发展起到根本性的决定作用。

随着第一次工业革命的发生，蒸汽时代随之到来，人类文明进程进入快车道。第一次工业革命最早开始于棉纺织领域，之后扩展到冶金、采矿、交通运输等其他领域。第一次工业革命对人类社会产生了非常深刻的影响。马克思、恩格斯在《共产党宣言》中说："资产阶级在它的不到一百年的阶级统治中所创造的生产力，比过去一切世代创造的全部生产力还要多，还要大。自然力的征服，机器的采用，化学在工业和农业中的应用，轮船的行驶，铁路的通行，电报的使用，整个大陆的开垦，河川的通航，仿佛用法术从地下呼唤出来的大量人口——过去哪一个世纪能够料想在社会劳动里蕴藏有这样的生产力呢？"[①] 第一次工业革命促使人类社会由工场手工业向大机器生产进行转变，这大大提高了社会生产力与社会效率，改变了人们的日常生活方式，并将世界有效连接起来。

十九世纪五六十年代，欧美国家同时发生第二次工业革命，主要集中在电力的广泛应用与新通信手段的发明、内燃机和新交通工具的创制、化学工业的建立等方面，随后这些技术发明逐步推广应用到工业、照明、交通等领域。在第二次工业革命的助推下，人类社会发生了革命性的变化，资本主义国家进入电气化时代，生产力空前发展，同时人类的生活方式发生了极大的转变。

20 世纪中后期，世界发生了第三次工业革命。第三次工业革命的关键是数字化制造和新能源、新材料的应用，核心是数字化革命，标志性

---

① 马克思，恩格斯.共产党宣言 [M].北京：人民出版社，2018：32.

新生产工具是"3D（三维）打印机"。[①]第三次工业革命涵盖信息、新能源、新材料、生物和海洋等诸多领域，涉及范围较广。第三次工业革命极大地推动了社会生产力的发展，促进了社会经济结构和社会生活结构的变化，同时推动了国际经济格局的调整。

正是在经济全球化的机遇与挑战矛盾的张力中，科技革命在深层次推动的世界格局的变化得以展开，引发了人类生存方式、生产方式、生活方式的调整和变化，带来了世界经济、科技、政治、文化力量的相互作用和综合演化，使世界进入了百年未有之大变局。[②]

二、大国博弈愈发激烈

大国博弈始终贯穿世界现代化进程，并带来大规模的国际权力的转移、国际秩序的持续演进。在当前的世界经济发展的环境下，大国之间的博弈愈发激烈。资源与福利、增量与存量、规锁与脱钩、创造与毁灭成为大国博弈中具有某种确定性的四个主要方面。

进入 21 世纪，世界各国努力提升国家的整体实力，并尽可能多地获取利于自身发展的资源。在军事上，一些大国大力扩充军备，互存疑虑，互有戒备；在经济上，各国不断出台并实施新型的经济政策；在外交上，各国愈发重视联合国安理会的作用，处理国际问题更加重视民意与舆论。而发展中国家也日益展现出更大的影响力，全球地缘战略角逐的主要舞台开始从欧美地区转向亚洲地区，我国的国际影响力显著提升。

2013 年 10 月 24 日，习近平总书记在周边外交工作座谈会上指出，我们"胸中要装着国内国际两个大局，国内大局就是'两个一百年'奋斗目标，实现中华民族伟大复兴的中国梦；国际大局就是为我国改革发

---

① 孙伟祖. 第三次工业革命研究文献综述 [J]. 党政干部学刊，2019（4）：40-47.

② 杨河. "世界处于百年未有之大变局"的哲学思考 [J]. 北京大学学报（哲学社会科学版），2021（5）：41-53.

展稳定争取良好外部条件，维护国家主权、安全、发展利益，维护世界和平稳定、促进共同发展"。因此，在此变局之下，我们要坚持独立自主，坚持改革开放，要胸怀天下，和平发展，共同构建人类命运共同体。

在世界处于百年未有之大变局的今天，国内与国际诸多因素交织影响，我国必须抓住历史发展机遇，努力提升文化软实力。

第五章　国家文化软实力提升的基本原则

理论一经掌握群众，也会变成物质力量。[①]

——马克思

马克思主义是我们立党立国的根本指导思想。背离或放弃马克思主义，我们党就会失去灵魂、迷失方向。在坚持马克思主义指导地位这一根本问题上，我们必须坚定不移，任何时候任何情况下都不能有丝毫动摇。[②]

——习近平

第一节　坚持党对文化建设的领导地位

一、党对文化建设的领导地位的基本依据

党政军民学，东西南北中，中国的问题关键在党。中国共产党是中国特色社会主义事业的领导核心，对中国各项事业具有全面领导地位，在文化建设方面自然也居于最高领导地位。提升国家文化软实力，需要有正确且坚定的领导，并以此来指导我国提升文化软实力。提升我国文

---

① 中共中央编译局.马克思恩格斯选集：第 1 卷 [M].北京：人民出版社，2012：9.
② 习近平总书记在庆祝中国共产党成立 95 周年大会上的讲话。

化软实力最为根本的原则，就是要坚持党对文化建设的领导地位。"我们党自诞生以来，就是中国革命精神的发扬者，是中国文化资源的丰富者，同时是中华优秀传统文化的集大成者和传承者，更是革命时期农村根据地文化建设的领导者和中华人民共和国成立以来文化改革发展创新的推动者。"①

（一）中国共产党的政党属性决定党的领导地位

中国共产党是中国工人阶级的先锋队，也是中国人民和中华民族的先锋队。中国共产党自成立以来，就把为中国人民谋幸福，为中华民族谋复兴作为自己的初心和使命，始终将实现共产主义作为最高理想和最高目标，把全心全意为人民服务作为自己的宗旨；中国共产党是中国特色社会主义最本质的特征，是社会主义制度的最大优势，是中国特色社会主义的领导核心，居于总揽全局、协调各方的领导地位。党的领导地位是由其政党属性决定的，即先进性、纯洁性、自我革命性。

1. 中国共产党的政治属性——先进性

先进性是马克思主义政党的本质属性。中国共产党自建党以来就非常重视建设党的先进性的问题。党的十六大报告中指出："党的先进性是具体的、历史的，必须放到推动当代中国先进生产力和先进文化的发展中去考察，放到维护和实现最广大人民根本利益的奋斗中去考察，归根到底要看党在推动历史前进中的作用。"②马克思主义学说中的历史唯物主义认为，能够适应社会生产力、符合历史发展规律、促进社会发展的事物是先进的，反之则是落后的。中国共产党自成立以来，坚持马列主义，为中国指明了正确的方向，带领中国各族人民战胜许多艰难险阻，取得

---

① 周虎.新中国成立以来党领导文化建设的宝贵经验[J].厦门特区党校学报，2020(2)：67-73.

② 中共中央文献研究室.十六大以来重要文献选编：上[M].北京：中央文献出版社，2005：10.

了新民主主义革命的胜利和社会主义事业的成就，为中华民族和中国人做出了伟大历史贡献，所以，中国共产党是先进性的集中体现，代表着中国先进生产力的发展要求，代表着中国先进文化的前进方向。

党的先进性有许多具体表现，而代表中国先进文化的前进方向是党的先进性建设中的重要体现。"党的先进性是多种要素和关系的具体体现，既有组织上、思想上的先进性；又有政治上、道德上的先进性；更有指导思想、行动纲领、思想路线、阶级基础和实践作用的先进性，其中发展先进文化正是党的先进性建设的内在规定。"①

党的先进性建设与文化建设是相互促进、相辅相成的。党的先进性的许多内容都与文化建设密切相关。党的指导理念的更新与发展需要先进文化的指导，要反映先进文化的内容，符合先进文化的发展方向，如此党的指导理念才能与时俱进。"先进文化直接关系到党保持先进性并实现长期发展和执政的思想基础，党的指导思想、奋斗目标、路线纲领等本身都属于先进文化的范畴。"②

2. 中国共产党的政治属性——纯洁性

党的纯洁性是马克思主义政党的永恒话题，保持纯洁性是马克思主义政党的本质属性和要求。马克思、恩格斯对共产主义同盟做出每一位会员的品质要纯洁的要求；列宁认为"我们的任务是要维护我们党的坚定性、彻底性和纯洁性。我们应当努力把党员的称号和作用提高、提高、再提高"③。中国共产党自建党以来，就高度重视党的纯洁性问题——毛泽

---

① 姚春林，戴玉琴.论中国共产党先进性实现的重要维度 [J].中国青年政治学院学报，2013，32(6)：79-83.

② 王春江.党的先进性建设面临的消极文化挑战及应对之策 [J].理论与改革，2012(3)：48-50.

③ 中共中央编译局.列宁专题文集：论无产阶级政党 [M].北京：人民出版社，2009：349.

东同志主抓的延安整风运动，提出"三大作风"以保持党的纯洁性；邓小平同志对党员的标准提出了要求；江泽民同志提出"三个代表"重要思想，对党的建设以及先进性、纯洁性提出新的要求；胡锦涛同志指出只有保持党的纯洁性，才能保证我们的国家长治久安；进入新时代，面对国内外的巨大变化和党的建设面临的严峻挑战，习近平同志对党的纯洁性建设进提出了新要求，强调党要管党、从严治党。

先进性和纯洁性是马克思主义政党的生命，是无产阶级政党不断发展的力量源泉。马克思主义政党高度重视党的纯洁性建设的原因，从根本上说是为了永葆党的政治本色和生机活力，以这种活力推动文化建设的高质量发展。

3. 中国共产党的政党属性——自我革命性

"批判性与革命性是马克思主义区别于其他文化的一个重要特征；批判性与革命性是无产阶级的本性；马克思主义的发展史就是一部批判史、革命史；认识世界和改造世界是马克思主义哲学的基本功能。"[1]中国共产党的革命性是马克思主义理论中辩证否定观的集中体现。中国共产党自建党以来，在革命、改革和建设时期，不断完善发展理论思想，不断提高自身执政能力与领导建设国家各项事业的能力，不断克服自身包含的与时代发展不符的因素，使自己成为具有先进性的政党。

中国共产党自成立以来一直将马克思主义作为党各项事业的指导思想，贯穿始终。毛泽东思想、邓小平理论、"三个代表"重要思想、科学发展观、习近平新时代中国特色社会主义思想都是马克思主义革命性的发展和延续。因此，以党不断创新的理论指导我国的文化建设，可以保证文化建设的先进性、科学性。习近平新时代中国特色社会主义思想是

---

① 廖慧琼.马克思主义的革命性的当代体现：习近平新时代中国特色社会主义思想[J].科教文汇（上旬刊），2018(9)：7-8.

党的最新思想成果，其对社会主义文化建设的发展提出了新要求和创新性理论，对于加快社会主义文化强国建设，坚定文化自信，提高国家文化软实力，具有十分重要的指导意义。

党的十八大以来，我们党不断发扬自我革命精神，不断进行自我革命、自我发展、自我创新，成为具有先进力量的政党，代表着中国所有事业先进、正确的发展方向，领导着中国各项事业的蓬勃发展。正是因为党的自我革命性，我国的文化建设才能不断创新发展，才能繁荣兴盛。因此，党领导文化建设是规律使然、历史必然。

（二）党的领导地位是历史和人民的共同选择

中国共产党成立以后，以创办报纸、期刊，创作文章等多种方式积极宣传马克思主义，使马克思主义逐渐深入人心；积极促成第一次国共合作，使反帝反封建的工农运动蓬勃发展；进行土地革命，极大地提高了农民群众参与革命的积极性，推动了封建制度的土崩瓦解；作为抗日战争的中流砥柱，力导国共第二次合作，取得了抗日战争的胜利，取得了民族解放战争的胜利，使全国人民深刻意识到，只有中国共产党才能拯救中国，只有中国共产党才能成为民族独立和人民解放的领导核心。

社会主义革命和建设时期，党领导中国人民完成建国大业，进行社会主义建设的探索。中华人民共和国的成立标志着新民主主义革命的胜利，党领导人民推翻了"三座大山"的压迫，中国真正实现了民族独立、人民解放。为了更好地建设社会主义，党领导中国人民进行了伟大探索，党的八大的召开以及毛泽东同志的《论十大关系》则是这一探索的开端。在这个探索时期，我国的各方面各领域均取得了一定程度的发展。

在改革开放和社会主义建设时期，党领导人民走上富起来的伟大征程，走上中国特色社会主义道路。"通过开辟中国特色社会主义道路，形成中国特色社会主义理论体系，确立和不断完善中国特色社会主义制度，继承和弘扬中华优秀传统文化、发展社会主义先进文化，推进中国人民从站起来到富起来的重大历史时期。改革开放以来党的所有的理论和实践的主题，就是坚持和发展中国特色社会主义。"①邓小平同志提出了决定当代中国命运关、实现中华民族伟大复兴的关键一招——改革开放，推进政治体制、经济体制、科教文化体制改革，要求加强精神文明建设，使中国大踏步赶上时代发展的潮流；进入21世纪，我国坚持"三个代表"重要思想，坚持先进文化发展方向，坚持科学发展观，牢固树立社会主义核心价值观，形成了中国特色社会主义理论体系，坚持中国特色社会主义道路不动摇。

党的十八大以来，我国中国特色社会主义进入新时代，完成了从站起来到富起来再到强起来的伟大飞跃，实现国家富强、民族振兴、人民幸福的中国梦成为中华民族新的追求与主题。在这个新时代，我国的主要矛盾变为人民日益增长的美好生活需要同不平衡不充分的发展之间的矛盾，社会主义各项事业均取得巨大成就，人民的物质生活得到极大提升，对精神生活和文化生活提出了更高的要求；在这个新时代，我国实现了第一个百年奋斗目标，在中国大地上全面建成了小康社会，基本实现了社会主义现代化，不断向建成社会主义现代化强国的第二个百年奋斗目标进军；在这个新时代，中国实力与中国地位显著提升，在国际中的影响越来越大，为世界提供中国方案和中国智慧，承担大国责任，积极推动构建人类命运共同体。

历史已经证明并将继续证明，中国共产党的领导地位是历史和人民共同的选择，只有中国共产党才能救中国，只有中国共产党才能带领中国人民和中华民族实现国家富强、民族振兴、人民幸福的中国梦。百年来，实现中华民族伟大复兴这一主题贯穿始终，这个复兴不仅仅只是物

---

① 王友平.中国共产党的百年奋斗历程与经验启示[J].新生代，2021(4)：5-10，26.

质层面的复兴，更多的是文明与文化的复兴。中国在这一道路上取得了许多突破性进展，并将继续取得更大胜利。

（三）党的领导是中国特色社会主义的最本质特征

党的十九大报告中指出，"中国特色社会主义最本质的特征是中国共产党领导，中国特色社会主义制度的最大优势是中国共产党领导，党是最高政治领导力量"。中国共产党的领导贯穿中国特色社会主义建设与发展的全过程。

中华人民共和国成立后，我党以马克思主义为指导思想并坚持马克思主义思想的指导地位这一方向不动摇，在当时对掌握意识形态领导权、巩固社会主义制度、凝聚社会共识、激发人民建设社会主义热情与激情具有重要意义。我党领导人民完成了"一化三改"，在中华大地上历史性地建立了社会主义制度，确立了人民代表大会制度、中国共产党领导的多党合作和政治协商制度、民族区域自治制度。中国从此走上了社会主义这条康庄大道，不断对社会主义进行建设和探索。

改革开放后，一元化的文化形态初步形成，马克思主义在思想和理论方面的指导地位更加牢固。在这个时期，我国确立了中国特色社会主义制度和中国特色社会主义制度体系；在这个时期，"党不断在实践中深化对中国特色社会主义的认识，以写入党代会报告和党章的形式及时地将理论成果加以确定，进而凝聚全党共识，以全党之力推动中国特色社会主义发展"①。共产党回答了"建设什么样的社会主义，怎样建设社会主义"，确立了社会主义初级阶段基本路线，制定了到 21 世纪中叶分三步走、基本实现社会主义现代化的发展战略，为中国特色社会主义建设提供了思路和原则。

---

① 郭从伦，刘超.略论中国共产党领导是中国特色社会主义最本质特征 [J].中共四川省委党校学报，2020(4)：32-38.

中共十三届四中全会以后，共产党团结带领全国人民，继续坚持改革开放，继续进行中国特色社会主义的建设，创造性地回答了"建设什么样的党，怎样建设党的问题"，形成了"三个代表"重要思想，不断推进中国特色社会主义向前发展。党的十六大以后，党团结带领全国人民继续发展中国特色社会主义，回答了"实现什么样的发展，怎样发展"的问题，形成了科学发展观，聚精会神搞建设，一心一意谋发展。

党的十八大后，中国特色社会主义进入新时代，明确了我国发展的新的历史方位。在这个新时代，共产党回答了"坚持和发展什么样的中国特色社会主义、怎样坚持和发展中国特色社会主义，建设什么样的社会主义现代化强国、怎样建设社会主义现代化强国，建设什么样的长期执政的马克思主义政党、怎样建设长期执政的马克思主义政党"等问题；在建党 100 周年之际，我国全面建成了小康社会，历史性地解决了绝对贫困问题，实现了第一个百年奋斗目标，正向着全面建成社会主义现代化强国的第二个百年奋斗目标前进。

中国特色社会主义最本质的特征是共产党的领导，文化建设最本质的特征必然也是共产党的领导。共产党的领导为文化建设指明了正确发展方向，为文化建设提供理论支撑、路线支撑、战略支撑、制度支撑，统领协调文化建设，推动文化大发展大繁荣，推动文化建设取得历史性成就。

二、党领导文化建设的基本原则

（一）坚持马克思主义指导地位，牢牢掌握意识形态工作领导权

"文化建设要坚持党的领导，这是事关文化发展全局的根本性问

题。"①中国共产党自成立之日起，就把马克思主义作为自己的指导思想，将马克思主义深深地印在了自己的思想旗帜上。习近平总书记在纪念马克思诞辰 200 周年大会上指出："马克思主义为中国革命、建设、改革提供了强大思想武器，使中国这个古老的东方大国创造了人类历史上前所未有的发展奇迹。"自马克思主义传入中国，一批批仁人志士坚持马克思主义真理，并以此指导实践，取得了新民主主义革命的胜利；自中华人民共和国成立，我党坚定不移地将马克思主义与中国实际相结合，不断进行理论创新和文化创新，形成了具有中国特色的科学的理论——毛泽东思想、邓小平理论、"三个代表"重要思想、科学发展观、习近平新时代中国特色社会主义思想，体现了鲜明的时代进步性。

共产党始终坚持马克思主义在我国意识形态领域的指导地位，以马克思主义为指导，以救亡图存、奋发图强、民族复兴为思想内核和价值取向，使马克思主义中国化，形成了优秀的革命文化；社会主义先进文化是改革开放以来，中国共产党领导中国人民，以马克思主义为指导进行的文化创新，在伟大的社会主义实践中孕育出来的，面向现代化、面向世界、面向未来的，民族的、科学的、大众的社会主义文化。加强我国的文化建设必须坚持马克思主义指导地位不动摇，以马克思主义中国化的理论成果为指导，确保文化建设的正确发展方向。

（二）弘扬社会主义核心价值观，夯实思想道德基础

"文化的核心是价值观，核心价值观承载着一个国家、一个民族的文化理想和精神追求，是最持久、最深层的价值追求。"②社会主义核心价值观是当代中国人评判是非曲直的价值标准，凝结着全体中国人民共同的

---

① 朱继东.新中国文化建设的基本经验及启示[J].湖南科技大学学报（社会科学版），2019, 22(6): 72-85.

② 李群玉，黄平森.新时代中国共产党文化强国建设的探索与实践[J].阿坝师范学院学报，2022, 39(1): 61-67.

价值追求。在文化建设的征程上，我们必须以社会主义核心价值观为引领，凝聚起中华民族团结奋进的思想基础。

践行和培育社会主义核心价值观，是实现中华民族伟大复兴中国梦的战略任务。核心价值观是文化的关键命脉所在，决定着文化建设的性质和发展方向。所以，我们必须落实和践行社会主义核心价值观，切实发挥社会主义核心价值观的价值导向和价值引领作用，"把培育和弘扬社会主义核心价值观作为凝魂聚气、强基固本的基础工程"①。

文化具有潜移默化的教化作用。文化建设要把社会主义核心价值观融入社会主义现代化建设的方方面面。习近平总书记指出："要通过教育引导、舆论宣传、文化熏陶、实践养成、制度保障等，使社会主义核心价值观内化为人们的精神追求，外化为人们的自觉行动。"②只有将社会主义核心价值观融入广大人民群众的物质生活和精神生活之中，与日常生活紧密联系起来，做到落细、落小、落实，才能使人们在生活的各领域感知领悟社会主义核心价值观，自觉在实践中践行社会主义核心价值观，构筑起独特的中国价值、中国精神、中国力量，从而加强社会主义精神文明建设和文化建设，为我国的现代化建设夯实一致向前的思想道德基础。

（三）坚持以人为本，发挥人民群众主体作用

"以人民为中心是中国共产党的执政理念，也是一直以来党领导文化建设的核心理念和价值取向。"③人民群众是推动文化建设的基本力量，也是推动文化建设的动力源泉。中国共产党反复强调并一贯坚持保持党同人民群众的血肉联系，并将此作为自己的根本政治立场和根本政治路线。

---

① 习近平. 习近平谈治国理政：第1卷[M].2版.北京：外文出版社，2018：163.
② 中共中央文献研究室. 习近平关于社会主义文化建设论述摘编[M].北京：中央文献出版社，2017：16.
③ 毛秀娟. 中国共产党百年文化建设的经验及启示[J].理论界，2021(8)：28-34.

中国共产党的历史就是一部密切联系群众、紧紧依靠群众的历史。中共十九届六中全会总结了党的百年奋斗经验以及历史成就，中国共产党之所以能够带领中华民族和中国人民取得新民主主义革命的胜利、取得社会主义革命和建设的胜利、取得改革开放和社会主义现代化建设的胜利、迎来了中国特色社会主义新时代，之所以能够实现马克思主义中国化的三次伟大飞跃，"归根结底就在于党在长期的革命和建设实践中，同人民群众形成了同呼吸、共命运的血肉联系，并从人民群众的伟大实践中不断获得前进的不竭动力"①。

人民群众是社会历史的创造者，也是社会精神财富的创造者。人民群众的生活和实践是文化形成和发展的源泉，人民群众的实践为文化的创造提供了必要的物质条件。我国的文化建设始终坚持以人为本，为人民服务，所以以人民为主体的群众路线是文化建设的方法论，也是文化建设的出发点和落脚点。政府要充分发挥人民群众在文化建设中的主体地位，激发人民群众对于文化建设的积极性与热情，不断推动我国文化建设的创造活力，支持、引导、鼓励人民群众参与到文化建设中来，营造良好的文化建设的氛围和环境，增强人民群众对文化建设的能动性。

（四）推动文化改革与创新，正确对待传统文化与外来文化

文化的改革与创新需要我们正确对待我国的传统文化和世界其他民族文化，取其精华，去其糟粕，兼收并蓄，博采众长。"文化的传承与创新是文化改革发展的源泉动力，同时也是树立和培育文化自信的重要动力来源，为此，就要从'本来''外来'和'未来'三个层面有所坚持、有所发展、有所创新。一是要不忘本来，传承优秀传统文化；二是要吸

---

① 薛艳萍.试论人民群众在廉政文化建设中的重要作用[J].理论月刊，2010(11)：117-119.

收外来，接纳转化域外文化；三是要着眼未来，创新发展中华文化。"①我们既要传承和弘扬中华优秀传统文化，继承传统，推陈出新，又要吸收和借鉴国外优秀文化成果，坚持以我为主、为我所用的基本原则，面向世界、博采众长，这样才能通过文化融合进一步推进文化改革与创新。

第二节　坚持马克思主义的意识形态指导地位

中共十九届六中全会审议通过的《中共中央关于党的百年奋斗重大成就和历史经验的决议》强调，"坚持马克思主义在意识形态领域指导地位的根本制度"，并做出一系列重大部署。

一、坚持正确的意识形态事关民族兴旺、国家兴盛

社会主义先进文化之所以先进，就在于它以马克思主义这一先进理论为指导。马克思主义以科学的世界观和方法论揭示了人类社会的发展规律，可以说，坚持马克思主义在意识形态领域的指导地位是历史的结论、现实的必然，这一根本制度意义重大而深远。

（一）党永葆初心的内在需求

中国共产党是由马克思主义孕育催生、用马克思主义武装锤炼出来的政党，从中国共产党诞生的第一天起就把马克思主义郑重地写在自己的旗帜上。

正是因为选择了马克思主义，我们党才掌握了认识世界、改造世界的锐利思想武器，科学地认识中国、认识世界、认识时代，从而成为最先进的政治力量。近代以后，中国在世界政治舞台上脱颖而出。正是因

---

① 周虎.新中国成立以来党领导文化建设的宝贵经验[J].厦门特区党校学报，2020(2)：67-73.

为毫不动摇地坚持和发展马克思主义，我们党与时代共前进、与人民共命运，才能够始终走在时代前列、历经百年风雨依然风华正茂。

对马克思主义的坚定信仰决定了我们党的性质和宗旨、目标和方向、政策和主张，也成为一代代共产党人的政治灵魂、精神支柱和最鲜明的身份标识。

历史深刻表明，党的初心使命源于马克思主义科学理论的指引和召唤，党的团结统一首先在于指导思想上的团结和统一，党的先进性纯洁性的基础在于思想理论上的先进和纯洁。

新的时代条件下，坚持马克思主义在意识形态领域指导地位的根本制度，就是要坚持思想建党、理论强党，使全党坚守初心、坚定信仰，更加自觉地高举马克思主义伟大旗帜，一以贯之地保持思想上的统一、政治上的团结、行动上的一致，不断焕发出新的强大生命力和战斗力，始终成为时代的先锋、民族的脊梁。

（二）国家长治久安的本质需求

在长期的奋斗历程中，我们党正是始终坚持马克思主义指导思想，始终坚持把马克思主义基本原理同中国具体实际相结合，才找到了正确的新民主主义革命道路、社会主义革命和建设道路、中国特色社会主义道路，从而建立并不断发展壮大中国特色社会主义。

找到一条正确道路、建立一个国家政权不容易，坚持住这条道路、巩固好这个政权更不容易。历史经验表明，国家动荡、政权更迭往往始于思想领域的混乱、指导思想的动摇。近年来一些国家发生的"颜色革命"，就是前车之鉴。这警示我们，政治上的坚定源于理论上的清醒，只有高度自觉、始终不渝地坚持以马克思主义为指导，才能保证道路不偏向、江山不变色，保证国本永固、事业常青。

新的时代条件下，坚持马克思主义在意识形态领域指导地位的根本制度，就是要保持思想定力、政治定力，坚定道路自信、理论自信、制度自信、文化自信，既不走封闭僵化的老路，也不走改旗易帜的邪路，坚定不移地走中国特色社会主义道路，确保我们国家始终沿着社会主义方向阔步前进、蓬勃发展。

（三）凝聚精神力量的客观需求

共同的思想基础是与共同的奋斗目标紧密结合在一起的，是一个国家、一个社会团结一致向前进的根本保证。有了共同的思想基础，就能万众一心、成就共同的目标和事业。回顾我国革命、建设、改革的伟大历程，正是因为有马克思主义这个共同的思想基础，才凝聚起全国各族人民的意志和力量，不断克服前进道路上各种艰难险阻、从胜利走向新的胜利。

当今世界正经历百年未有之大变局，我国正处于实现中华民族伟大复兴的关键时期，既面临着大有可为的历史机遇，也面临着前所未有的风险挑战，统一思想、坚定信心、凝聚力量的任务更加凸显。

同时，社会思想观念日益多样，社会价值取向日趋多元，各种社会思潮纷繁复杂，在多元中立主导、在多样中谋共识的要求更加迫切。新的历史时代条件下，坚持马克思主义在意识形态领域指导地位的根本制度，就是要坚定主心骨、把准定盘星，牢牢坚持实现共同目标的方向，夯实共同的思想基础，拉紧共同的精神纽带，促进全体人民在思想上精神上紧紧团结在一起，更好汇集起攻坚克难、开拓前行的磅礴伟力。

（四）保证文化建设路径的现实需求

马克思主义是指导党和人民事业的理论基础，也是我国文化发展的根本指针。只有旗帜鲜明地坚持马克思主义的指导地位，中国特色社会主义文化才能固本开新、永葆生机，否则就会失去灵魂、迷失方向。

我国文化建设长期实践表明，马克思主义指导地位坚持得好、把握得牢，就能形成文化繁荣兴盛的生动局面，推动党和人民事业发展；坚持得不好，发生动摇和偏差，就必然造成思想文化上的混乱，给党和人民事业带来损害。

目前，我国文化领域正在发生广泛而深刻的变革，社会文化生态更加复杂，多种思想观点同时存在，先进的和落后的相互交织，积极的和消极的相互影响，民族的和外来的相互碰撞，坚持以马克思主义统领多样化文化发展的重要性日益突出。

新的时代条件下，坚持马克思主义在意识形态领域指导地位的根本制度，就是要坚定文化自信、增强文化自觉，牢牢把握社会主义先进文化的前进方向，紧紧围绕举旗帜、聚民心、育新人、兴文化、展形象的使命任务，大力发展面向现代化、面向世界、面向未来的，民族的科学的大众的社会主义文化，更好地走中国道路，构筑中国精神、体现中国价值、凝聚中国力量。

中共十九届四中全会首次将"坚持马克思主义在意识形态领域指导地位"上升为根本制度，中共十九届六中全会再次强调"党着力解决意识形态领域以及党的领导弱化问题，立破并举、激浊扬清""确立和坚持马克思主义在意识形态领域指导地位的根本制度"，这一根本制度的确立和坚持意义重大。①

二、坚持以马克思主义统领文化建设各环节

在文化建设中，我们要增强政治自觉和思想自觉，强化制度意识、抓好制度执行，切实把马克思主义在意识形态领域指导地位这一根本制度体现到坚持正确的政治方向、舆论导向、价值取向上，落实到工作理念、思路、举措上，努力在守正创新中推动社会主义文化繁荣兴盛。

---

① 周剑娜，荆蕙兰.坚持马克思主义在意识形态领域指导地位的根本制度探析[J].理论探讨，2022(2)：107-113.

（一）马克思主义指导文化建设各方面

马克思主义是中国特色社会主义文化建设中的主导意识形态。以马克思主义引领文化建设的发展，是中国特色社会主义文化的本质要求和必然属性，是发展精神文明建设，坚持社会主义核心价值观的必然要求，是实现中华民族伟大复兴中国梦的必然要求。"意识形态领域宽广，按照经典作家的'阶级性'标准判断，除了自然科学、语言学、逻辑学等少数文化知识门类之外，都属于意识形态领域。坚持这个主导性，就是坚持用马克思主义指导一切哲学社会科学和文化理论的研究和实践；或者说，各个文化领域、文化形式，都应该接受和贯彻马克思主义的基本立场、基本观点、基本方法论原则。"①

坚持马克思主义在意识形态领域指导地位的根本制度，是具体的、现实的，不是抽象的、空洞的，文化领域的一切工作和活动都要紧紧围绕这一根本制度来展开、推进。无论是理论武装还是新闻宣传，无论是文艺创作生产还是文化体制改革，无论是精神文明建设还是网络建设管理，都要高扬马克思主义旗帜，不断巩固马克思主义指导地位，坚定宣传科学理论、传播先进文化、弘扬主流价值，确保我国文化建设始终沿着正确方向前进。

中共中央印发的《中国共产党宣传工作条例》是坚持和落实马克思主义在意识形态领域指导地位的重要体现和重要保障。我国要认真贯彻、抓好落实，努力推动建设具有强大凝聚力和引领力的社会主义意识形态，建设具有强大生命力和创造力的社会主义精神文明，建设具有强大感召力和影响力的中华文化软实力。

---

① 朱鸿亮. 习近平新时代中国特色社会主义文化建设重要论述的理论体系研究 [D]. 西安：西安理工大学，2021：60.

（二）加强马克思主义学科、学术、话语体系建设

马克思主义理论研究和建设工程是坚持和巩固马克思主义在意识形态领域指导地位的基础工程、战略工程。

我国要总结运用工程实施以来取得的成功经验，准确把握新时代新要求，不断把工程工作引向深入，切实把坚持以马克思主义为指导全面落实到思想理论建设、哲学社会科学研究、教育教学各方面；要在加强经典著作编译和研究的基础上，不断深化对党的基本理论、基本路线、基本方略的研究，深化对中国特色社会主义道路、理论、制度、文化的研究，为理论创新提供学理支撑；要坚持用中国理论阐释中国实践，用中国实践发展中国理论，强化问题意识和问题导向，以我们正在做的事情为中心，加强对重大理论问题、重大现实问题、重大实践经验研究总结的力度，不断增强理论解释力、话语说服力、实践推动力；加快构建具有中国特色的哲学社会科学，繁荣发展中国学术理论，努力建设以马克思主义为指导的学科体系、学术体系、话语体系。推动马克思主义中国化最新成果进教材、进课堂、进师生头脑，使科学理论全面融入教育教学之中。

（三）以马克思主义为指导，促进社会主义文化建设繁荣发展

习近平总书记在全国宣传思想工作会议上提出，"把握好意识形态属性和产业属性、社会效益和经济效益的关系，始终坚持社会主义先进文化前进方向，始终把社会效益放在首位。无论改什么、怎么改，导向不能改，阵地不能丢"[①]。社会主义文化建设，必须坚持以马克思主义为指导，坚持正确的意识形态机制，如此才能找好方向，走好道路。

我国要把马克思主义作为主线，将马克思主义深入贯彻到文化建设

---

① 中共中央文献研究室. 习近平关于社会主义文化建设论述摘编[M]. 北京：中央文献出版社，2017：185.

的各个方面。具体做法如下：我国要把马克思主义贯穿到媒体宣传思想工作中，通讯社、电台、电视台、新闻网站、大众媒体平台等要以马克思主义为指导，向马克思主义理论看齐，向党中央和党中央的方针、政策、路线看齐，站稳政治立场，使媒体宣传为社会主义文化建设服务；要将马克思主义贯穿到社会主义精神文明建设中，以马克思主义为指导，培养出有理想、有道德、有文化、有纪律的社会主义"四有"好公民，全面提升公民的思想道德素质和科学文化素质；要将马克思主义贯穿到文化生产创作各方面，传播更多当代中国的价值观念、中国精神，使人民大众在使用文化产品的过程中，感受到正能量，感受到马克思主义的科学性与先进性，潜移默化地受到马克思主义的积极影响，温润心灵，启迪心智；要将马克思主义贯穿到学校思想政治教育过程中，要坚持社会主义办学方向，落实立德树人根本任务，建立全员、全过程、全方位育人体制机制，用科学理论培养人，用正确思想引导人，用主流价值涵育人，帮助青少年扣好人生第一粒扣子，品学兼优地健康成长，更好地担当起民族复兴的大任。

（四）推动文化事业和文化产业繁荣发展

新时代传承和弘扬中国特色社会主义文化，繁荣发展社会主义文化事业和文化产业，必须以文化兴盛为支撑。习近平总书记在山东考察时指出："一个国家、一个民族的强盛，总是以文化兴盛为支撑的，中华民族伟大复兴需要以中华文化发展繁荣为条件。"①可见，发展文化事业和文化产业是建设社会主义文化强国的必然选择，也是提高文化影响力、文化凝聚力的重要途径。

"文化事业和文化产业的建设和发展，为文化强国建设提供基本的制

---

① 中共中央文献研究室.习近平关于社会主义文化建设论述摘编[M].北京：中央文献出版社，2017：3.

度支撑和运行机制，是中国特色社会主义文化建设的实践着力点，创造和增强着文化强国建设的物质基础和社会精神氛围。"①大力推动文化事业和文化产业发展，是建设社会主义文化强国的战略抓手。

繁荣发展文化事业与文化产业，要建立意识形态工作责任制，这是加强党在文化建设领域中对意识形态工作全面领导的重大举措，也是坚持马克思主义在意识形态领域指导地位这一根本制度的重要体现。我国要坚持党管宣传、党管意识形态、党管媒体不动摇，压紧压实做好意识形态工作的政治责任、领导责任，把意识形态工作领导权牢牢掌握在党的手中，不断增强意识形态领域的主导权和话语权。

繁荣发展文化事业和文化产业，必须推进文化体制改革，出台繁荣发展文化产业与文化事业的意见、方针、政策，完善促进基本公共文化服务标准化、均等化发展的机制体制，着力建设现代化文化事业与文化产业，"总之，就是要通过加快推动文化体制改革，构建起把社会效益放在首位、社会效益和经济效益相统一的体制机制。一是要健全文化宏观管理体制，推动文化行政部门转变职能、提高效能。二是要加快推进文化领域供给侧结构性改革。三是要深化文化事业单位改革，进一步明确不同文化事业单位的功能定位，分类推动改革"②。

繁荣发展文化事业和文化产业，必须建设和完善城乡公共服务体系，加强基层场地设施建设，加强重大公共文化工程和文化项目建设，加快建设图书馆、文化馆、体育馆等工程，使人民群众能够经常参加文化体育活动；着力培养骨干文化企业，实施文化项目，发展文化对外贸易，提升文化产业的创新创造活力，使其成为社会主义文化建设的重要支柱。

---

① 朱鸿亮.习近平新时代中国特色社会主义文化建设重要论述的理论体系研究[D].西安：西安理工大学，2021：142.
② 亓胜林.推动社会主义文化繁荣兴盛[J].理论学习，2017(12)：84-87.

三、坚持以马克思主义中国化最新成果指导文化建设

长期以来，马克思主义在我国意识形态领域处于指导地位，之所以能够在坚持中不断巩固、在巩固中更好坚持，根本就在于我党始终把马克思主义基本原理同中国具体实际相结合，不断推进实践基础上的理论创新，形成了马克思主义中国化一系列重大理论成果，为党和人民事业的发展提供了一脉相承、与时俱进的科学理论指导，为增进全党全国各族人民的团结统一打下了坚实的思想基础。

（一）习近平新时代中国特色社会主义思想——马克思主义中国化新的飞跃

习近平新时代中国特色社会主义思想是马克思主义中国化的最新成果，是当代中国的马克思主义、21 世纪的马克思主义。习近平新时代中国特色社会主义思想是全体人民团结奋斗的行动指南，它引领中华民族前所未有地接近伟大复兴的目标，开辟了马克思主义的新境界，指引着中国特色社会主义不断创造新辉煌。

新时代，坚持和巩固马克思主义指导地位，最重要的就是坚持和巩固习近平新时代中国特色社会主义思想的指导地位。这一新思想坚持运用了马克思主义立场、观点、方法，以新时代的全新视野深化了对共产党执政规律、社会主义建设规律、人类社会发展规律的认识，以新时代的全新思想和理念回答了坚持和发展什么样的中国特色社会主义、怎样坚持和发展中国特色社会主义，为发展马克思主义做出了原创性贡献，为推进伟大社会革命和党的自我革命、实现强党强国和民族复兴提供了科学行动指南，为党和人民提供了强大精神能量和思想武器。

在这一新思想的指引下，我们党团结带领人民准确把握历史新方位、时代新特征、发展新规律、实践新要求，统揽伟大斗争、伟大工程、伟大事业、伟大梦想，解决了我国许多长期想解决而没有解决的难题，办

成了许多过去想办而没有办成的大事，推动党和国家事业全面开创新局面，实现了从赶上时代到引领时代的伟大跨越。

实践已经证明并将继续证明，只有这一思想而没有别的什么思想能够引领当代中国发展进步、指引人民创造美好生活，只有这一思想而没有别的什么思想能够凝聚近 14 亿中国人民的意志、汇集全体中华儿女的力量。

坚持马克思主义在意识形态领域指导地位的根本制度，第一位的要求就是推动全党全社会全面贯彻落实习近平新时代中国特色社会主义思想。

全党要按照学懂、弄通、做实的要求，深入推进习近平新时代中国特色社会主义思想的学习教育，引导人们在新的广度和深度上深刻认识这一思想的历史地位和重大意义，深刻理解这一思想的精神实质、丰富内涵、核心要义、实践要求，深刻体悟贯穿其中的人民至上、历史自觉、实事求是、问题导向、战略思维、斗争精神等鲜明品格。

全党要推动广大干部群众把学习领会习近平新时代中国特色社会主义思想同学习马克思列宁主义、毛泽东思想、中国特色社会主义理论体系贯通起来，同学习"党史、新中国史、改革开放史、社会主义发展史"结合起来，同新时代坚持和发展中国特色社会主义的伟大实践联系起来，准确把握这一思想的理论逻辑、历史逻辑、实践逻辑。

全党要大力弘扬马克思主义学风，引导人们紧密联系思想和工作实际，真正把习近平新时代中国特色社会主义思想转化为增强"四个意识"、坚定"四个自信"、做到"两个维护"的实际行动，转化为做好工作的理念思路、举措办法和科学方法。

（二）习近平新时代中国特色社会主义文化建设思想的内涵

当今世界正处于百年未有之大变局，世界局势发生深刻变化；党的十八大以来，我国在改革开放的进程中取得巨大发展，大踏步走进了社会主义新时代，取得历史性进步。基于国内外现状，习近平总书记高度重视文化建设，提出关于文化建设的一系列论述，指导我国的文化建设。

习近平总书记关于社会主义文化建设的重要论述从文化自信、马克思主义指导地位、理论建设、社会主义核心价值观、思想道德水平、以人民为中心、文化事业和文化产业、文化软实力8个方面进行阐释，指出文化建设的基本原则是坚持以马克思主义为指导、坚持党的领导，坚持以人民为中心、人民至上；文化建设的目标是促进人的全面发展，是建设社会主义文化强国，实现中华民族伟大复兴的中国梦；文化建设的主要任务是掌握意识形态工作的领导权、管理权和话语权，是构建具有中国特色的哲学社会科学，是培育和践行社会主义核心价值观，是提高全民族的思想道德水平，是推动文化事业和文化产业的繁荣发展；中国与世界要进行文明的交流与互鉴，要向世界讲好中国故事。

习近平总书记关于社会主义文化建设的重要论述为实现中华民族伟大复兴的中国梦提供了思想保证、精神力量、道德滋养，丰富了文化建设的思想与理论，为新时代中国特色社会主义文化建设提供了理论支持与理论指导，对实现"两个一百年"奋斗目标、实现中华民族伟大复兴的中国梦具有重要意义，对提高我国文化软实力、扩大中华文化在世界范围内的影响力具有重要意义。

第三节　坚持人民至上的理念

一、人民至上是马克思主义的政治立场

人民群众是社会历史的主体，是历史的创造者；人民群众是社会历史实践的主体，在创造历史中起决定性作用；人民群众是社会物质财富的创造者，是精神财富的创造者，是社会变革的决定力量。马克思主义深刻认识人民的主体地位，反对个人英雄主义，崇尚集体主义，始终把人民群众的利益作为第一要义。

（一）人民群众是历史的创造者与推动者

"马克思认为，并不是人的意识决定人的存在，而是人的社会存在决定人的意识，承认人民群众的历史创造者地位，是唯物史观与以往社会历史观的根本区别。马克思、恩格斯指出，我们研究的所谓历史，不是先于预先存在的纯粹的自然界的历史，而是现实的、活生生的'感性世界'的人的历史，现实的人的感性活动始终创造着历史的现实和现实的历史。"[1] 所以，人民群众创造了"实在"的历史，也创造了感性的文化。总之，在马克思看来，人民群众是一个重要的历史范畴，始终是从事物质资料生产的劳动知识分子和劳动群众，对于社会和历史的发展起着决定作用。

人民既是历史的创造者，也是历史的见证者。在漫长的历史长河中，人民群众创造了政治、经济、文化等各方面各领域的不朽成就与传奇，而这些成就总是以文化为支撑的。文化作为一个国家、一个民族发展的

---

[1]　杨谦，张婷婷.对"人民群众是历史的创造者"原理的再理解[J].思想理论教育导刊，2020(1)：26-32.

灵魂，对社会历史进程具有重要的推动作用。

（二）人民群众是文明的创造者

纵观人类历史，自人类走过原始社会，进入文明社会以来，已经经历了近万年。在这一发展历程中，广大劳动者为了找到对抗自然、确保安全的方式，经过反复实践，掌握了各种生存生活技能。人们在漫长岁月中，对各项能力与各种技术不断丰富与发展，创造了辉煌灿烂的人类文明。

无论是物质财富还是精神财富，都是劳动者宝贵的劳动结晶与智慧结晶。在物质层面，人民群众需要改变自然资源使其成为能够供己使用的社会财富与社会资源，就必须掌握一定的劳动技能，通过各种实践，形成大量的物质财富，包括历史上留存下来的各种古代农具、古代建筑、古代雕刻文物等。在精神层面，为了表达自己的内心感受，抑或是为了向统治者表现自己的各种情绪，人民群众以物质财富为基础，创造了大量精神文明财富。

可见，人民群众在物质生产活动和精神生产活动中，总结经验，代代传承，创造了大量的物质文明和精神文明，而这也为建设社会主义文化强国打下了坚实的基础。

（三）人民群众是文化建设的主力军

唯物史观认为，社会存在决定社会意识。社会存在是社会生活的物质方面，社会意识是社会生活的精神方面，是对社会存在的主观反映，而文化作为社会意识，是对社会物质生活的方方面面在意识上的反映与总结。人民群众是物质生活生产的主体和创造者，自然而然，也是文化创造以及文化建设的主体和主力军。

文化并不是自然而然、天然形成的，而是人民群众在历史积淀中，通过社会实践，超越自在自然和生物本能形成的。文化作为一种认识来源于实践，其是在实践的基础上不断产生和发展的。人民群众在不断的实践活动中，不仅创造出了丰富的物质财富，也创造出灿烂的精神财富。

习近平总书记指出，"人民是文艺创作的源头活水，一旦离开人民，文艺就会变成无根的浮萍、无病的呻吟、无魂的躯壳"①。人民群众是文化创造和文化建设的主体和主力军，人民群众的实践是文化创作以及文化建设的不竭源泉，离开了人民群众的实践活动，任何思想家、科学家、艺术家的创作都会成为无源之水、无本之木。

二、中华传统文化中的人本思想

中国共产党始终坚持马克思主义的崇高信仰，同样坚持人民至上的理念。中国共产党就是在人民群众的基础上不断发展壮大起来的革命力量，在我党艰苦奋斗的历程中，时刻与人民群众紧密结合，流传下来大量军民团结，共同取得斗争胜利的佳话。

值得注意的是，中国统治者自古便十分重视人民的力量，古代许多思想家更是提出人民至上的观点。在中国的历史长河之中，虽然朝代更迭、风云变幻，但中国古代的思想者早已认识到人民的力量，这比马克思主义的群众观早了2 000多年。

在春秋战国时期，孔子与孟子是较早形成体系化民本思想的代表人物，他们更是这一思想身体力行的践行者与宣传者。孔子出身于没落的贵族家庭，他的生活具有较强的矛盾性，他既了解贵族的生活习惯，又深知劳苦大众的生活方式，这引起了他对当时社会现状的强烈反思。为了恢复周礼，为了实现理想的"道德城邦"，孔子身体力行，四处游学，开设私塾，宣传"仁礼"学说，强调"富民""教民"，对当时的社会形成了广泛的影响，开创了中国民本思想之先河。

---

① 中共中央文献研究室．习近平关于社会主义文化建设论述摘编[M]．北京：中央文献出版社，2017：160.

继孔子之后,"亚圣"孟子更是将民本思想"发扬光大"。《孟子·尽心下》中说:"民为贵,社稷次之,君为轻。"这是说,在君王、国家、人民三者之中,最重要的是人民,君王应当在次要位置,只有人民得到利益,感到幸福,国家才能够走向稳定与繁荣。这足以显示孟子对人民的重视程度。

明末清初,思想家黄宗羲在《明夷待访录》中说:"古者以天下为主,君为客,凡君之所毕世而经营者,为天下也。"这足以说明,在中国古代的思想之中,重视人民的观点从未消失。由此可见,中国古代的思想家深深明白人民在治国理政中的重要性,重视人民的重要地位。

三、中国共产党的人民立场

在中国传统文化与马克思主义的共同影响下,中国共产党十分注重人民至上的理念,时刻把人民摆在国家发展的重要位置。

1921年,党的一大召开,中国共产党人开启了为中华民族崛起、为华夏儿女幸福而奋斗的远大征程。虽然当时的社会条件极为恶劣,内忧外患充斥着华夏大地,但是怀有满腔热血的优秀无产阶级战士从未退缩,他们时刻牢记使命,为了民族的复兴,为了人民的解放,书写了漫长的斗争历史。

在百年的漫长历程中,中国共产党始终高呼"人民万岁",历代中国领导人都以人民为根本,并提出一句句振聋发聩的嘹亮口号。"坚持人民主体地位是中国共产党的根本价值遵循。人民主体地位是马克思主义人民主体思想的具体化,具有鲜明的历史特征。"[1]中国共产党始终注重人民的主体地位。

毛泽东同志在延安时期提出要"全心全意为人民服务"。例如,

---

[1]　杨哲,李志军.习近平关于人民主体重要论述的理论意蕴[J].理论探索,2020(4):58-65.

1943 年毛泽东同志在《论合作社》中指出："为群众服务，这就是处处要想到群众，为群众打算，把群众的利益放在第一位。"1945 年，毛泽东同志又在党的七大提出："全心全意地为人民服务，一刻也不脱离群众；一切从人民的利益出发，而不是从个人或小集团的利益出发；向人民负责和向党的领导机关负责的一致性。"

邓小平同志继承毛泽东同志的历史唯物主义群众观，并进行了丰富与发展。他深知 20 世纪上半叶中国人民忍受的疾苦，强调中国要注重搞好十几亿人吃饭的问题，一切发展要为人民，要着眼于人民的利益。

江泽民同志时刻不忘我党对于群众的正确态度，他在多部著作中均提及搞好群众关系，以及为人民谋幸福的重要意义。例如，《以人民群众为本》《推进党的建设新的伟大工程》《努力建设高素质的干部队伍》《论党的建设》等。他指出："我们党有许多优势，根本的一条是同人民群众保持血肉联系。在人民群众中生长、成熟和发展起来，始终为人民群众的利益而奋斗，这是我们党充满生机与活力的源泉所在。过去革命战争年代是这样，现在搞改革开放和现代化建设也是这样。"[①]

胡锦涛同志也多次强调人民的重要性，他表示："一个政党，如果不能保持同人民群众的血肉联系，如果得不到人民群众的支持和拥护，就会失去生命力，更谈不上先进性。我们党的根基在人民、血脉在人民、力量在人民。保持党同人民群众的血肉联系，是我们党无往而不胜的法宝，也是我们党始终保持先进性的法宝。"[②]

习近平总书记在社会主义新时代，吸收前人的经验成果，提出更具时代性、创造性的群众观，进一步深化和发展了人民至上的思想体系。习近平总书记就贯彻党的群众路线发表重要讲话，提出了许多富有创造

---

① 江泽民.论党的建设[M].北京：中央文献出版社，2001：281.

② 中共中央文献研究室.十六大以来重要文献选编：中[M].北京：中央文献出版社，2006：594.

的新思想、新观点、新要求。这些新思想、新观点、新要求植根于马克思主义历史唯物主义的群众史观，是习近平将历史唯物主义的群众观点化为党的立场、政治担当和个人信念及境界的思想。

四、文化成果由人民共创、由人民共享

中华文化源远流长、博大精深，自古以来，中华人民就在这片神圣大地上用自己的勤劳和智慧创造了中华文化。5 000 多年历史孕育的中华优秀传统文化，党领导人民在革命、建设、改革中创造的革命文化，以及马克思主义指导的社会主义先进文化，共同构成了中国特色社会主义文化，这些灿烂的文化植根于人民群众的生产生活，发源于人民群众，是由人民群众创造的，自然要由人民群众共享。

习近平总书记指出："人民是历史的创造者，是时代的雕塑者。一切优秀文艺工作者的艺术生命都源于人民，一切优秀文艺创作都是为了人民。"①中国共产党坚持走群众路线，一切为了群众，一切依靠群众，从群众中来，到群众中去，全心全意为人民服务；中国共产党坚持以人民为中心的发展思想，发展的根本目的是增进民生福祉，发展成果由人民共享。党和政府历来重视人民群众的主体地位，重视人民群众对美好生活的向往，重视人民群众对文化和精神的需求。

文化创作为了人民，文化建设为了人民，文化建设的成果要由人民共享。"一是满足人民群众基本文化需求的文化事业发展的成果；二是满足人民群众多样化的文化需求的多种形式的群众文化娱乐活动。这里可以进一步引申出，人民群众在共享文化发展成果中具有的两个方面文化权利：一是人民群众具有公平分配和享受各项文化事业发展成果的权利，

---

① 中共中央文献研究室. 习近平关于社会主义文化建设论述摘编[M]. 北京：中央文献出版社，2017：176.

二是人民群众具有平等参与各项社会文化活动的权利。"[1]

第四节　坚定中国特色社会主义文化自信

文化是民族的血脉，是人民的精神家园，也是政党的精神旗帜。党的十八大以来，以习近平同志为核心的党中央高度重视文化建设，全面深化文化体制改革，极大拓展了中国特色社会主义文化自信的深度和广度，充分体现了我们党高度的文化自觉，进一步坚定了道路自信、理论自信、制度自信、文化自信。

一、文化自信源自悠久的文化脉络

文化自信是一个国家、一个民族对自身文化价值的充分肯定，是对自身文化生命力的坚定信念，是一个国家、一个民族发展中更基本、更深沉、更持久的力量。

文化自信源于一个国家、一个民族最为悠久、最为深刻的文化脉络，其文化脉络则越复杂，越深刻。对于任何国家而言，其统治者都应当深刻认识本民族多年以来积淀的深厚底蕴，并努力发掘，以促进社会精神文明的建设与发展。我国作为四大文明古国中唯一一个文明没有出现过中断的国家，具有极为深厚的民族文化底蕴。

中华文化积淀着中华民族最为深沉、最为悠久、最为辉煌的历史，包含着中华儿女内心深处的精神基因，更代表着中华民族有史以来不断发展和完善的精神体系。我国的优势并不在于以武力征服他国，以威胁去胁迫他国，而是以强大深厚的文化底蕴，以博大精深的中国文化，去

---

[1]　苗瑞丹."文化发展成果由人民共享"理论命题及研究方法探讨 [J].中共南宁市委党校学报，2012，14(5)：12—15.

吸引和影响其他国家，以实现中华民族文化的多元发展。

我们党始终是中华优秀传统文化的忠实传承者和弘扬者，在发展中国先进文化的过程中，坚持汲取优秀传统文化的精华，同时适应时代和实践的新发展，不断赋予中华文化以时代的青春活力，使我们在世界文化激荡中站稳脚跟、树立自信。

20 世纪初，马克思主义传入我国，中国第一批坚定的马克思主义信仰者就确立了正确的、科学的斗争路线，要求在马克思主义的指导之下，取得广大劳动者的胜利，为广大人民群众争取最为广泛的利益，而非少数人的利益。

可以看出，马克思主义站在更高的维度，以全民族的共同利益为先，为中国共产党的奋斗指明方向，为我国的文化建设照亮道路。新时代的中国共产党人必须时刻坚持马克思主义，以马克思主义为指导，坚定中国特色社会主义道路。

文化自信源自不断创造奇迹的改革发展、实践创造和群众智慧，自20 世纪 80 年代我国实行改革开放以来，经过几十年的发展，我国的经济水平实现了巨大突破，我国的发展速度与发展成果已让世界为之惊叹。与之相伴的是，我国的政治实力、外交实力、军事实力等各领域和事业的进步与提升。尤其是近几年，在以习近平同志为核心的党中央坚强领导下，我国的社会事业再次取得了全面进步，人民幸福指数显著提高，中国已经实现了第一个百年目标，正在朝着第二个百年目标奋斗。

二、文化自信是更基础、更广泛、更深厚的自信

文化，对于任何国家、任何民族而言，具有不可比拟的重要性。有了文化的继承与延续，一个民族才有了继续与发展的可能。如果一个民族没有其自身的文化，那么它的未来发展将缺乏核心，缺乏与其他民族与众不同的特质。而缺乏自身的特质，无疑会造成人民缺乏文化自信。

从这一层面看，增强我国人民的文化自信尤为重要。

（一）文化自信是更基础的自信

文化，对于民族凝聚力的提升，以及民族未来发展具有重要的作用，在一定程度上，文化为民族进步和发展提供了强大动力。

文化与民族的核心价值观具有不可分割的联系，核心价值观相当于民族的"根"，文化的力量取决于核心价值观的力量。任何民族，如果缺乏核心价值观，那么该民族未来的发展将会丢失方向，甚至呈现倒退式的发展。如果民族具有明确的核心价值观，民族则会具有统一的意志与共同的目标。

进入新时代，我国社会的主要矛盾已经转化为人民日益增长的美好生活需要和不平衡不充分的发展之间的矛盾。人们的物质生活相较于之前已经有了很大程度的提升，如今人们最为迫切需要提升的是精神世界，即核心价值观。总之，任何制度、任何理论，如果缺乏核心价值观的支撑，那么将无法持续。文化自信是更基础的自信，它是人们精神领域的信念根基。

（二）文化自信是更广泛的自信

文化是一个国家、一个民族的灵魂。文化渗透在社会各个层面，又与各个领域息息相关，具有极强的渗透性。"文化作为民族智慧的结晶，是一种强势的社会意识形态、一种包容性极强的软实力。它潜移默化地发挥着思想熏陶的功能，以'润物细无声'的方式，滋润着人的成长以及社会的方方面面。"[①]

生活中的方方面面都体现着文化：街道中的各个宣传栏和标语显示着中国特色社会主义文化；传统节日中体现着中国传统文化；工作中人

---

① 高微征，杨小磊.传统文化对当代大学生的渗透性影响[J].系统科学学报，2016，24(3)：67-71.

与人的交流体现着礼仪文化；生活中晚辈与长辈的交流体现着孝悌文化；等等。

因此，文化这种软实力与硬实力不同，它润物无声，潜藏于各个层面、各个领域，以无形的方式影响一切事物，作用于人们生活的物质世界与精神世界。文化自信之所以是更广泛的自信，就是因为它的这种渗透性与影响力。文化通过潜移默化的影响改变人们的思想维度，改变社会的价值取向，改变国家的理论制度，融入社会的各个层面，小到人们的衣食住行、日常生活，大到国与国之间的交流。任何道路、理论、制度，都只有通过一定的文化形式，融入人们的日常生活，才能获得更广泛的社会基础和群众基础。

（三）文化自信是更深厚的自信

每一个民族文化的形成都伴随着悠久岁月的洗礼，任何文化的产生都不是一蹴而就的，都要经过各种考验，中国的文化同样如此。中国是四大文明古国之一，其文化的起源比世界上的绝大多数国家都要早。经过长时间的锤炼、淘洗、孕育，中华文化不断丰富、发展、积累，形成了体系庞大、博大精深的文化体系。

在这几千年的时光之中，中华民族几度辉煌，却又几度沧桑。然而，即使经过各种沧桑，中国文化依旧广为流传，其文化脉络始终未曾间断。中华文明这种经久不衰的延续力与持续性是其强大生命力在历史长河中的展现。

进入 21 世纪，中华民族的发展进入了重要的攻坚阶段，这是中国有史以来最为重要、最为关键的转折点。我们应当认清中国文化的特性，站在更加广阔的历史时空，找到更加适合我国文化保护与传承的方式，深刻理解和回答好为什么要选择这样而不是那样的道路、理论和制度，真正增强道路自信、理论自信、制度自信和文化自信。

三、不断增强文化自信的现实路径

文化自信是一个国家、一个民族对自身文化价值的充分肯定，也是一个国家、一个民族发展中更基本、更深沉、更持久的力量。坚定文化自信，事关国运兴衰、文化安全和民族精神的传承与发展。

当代社会，伴随着经济快速发展和科技领域不断进步，社会与社会、国家与国家之间的交流日益密切。世界文明的交流与互鉴更加深入、更加多样，坚定文化自信就更加重要、更加迫切。

中国特色社会主义进入新时代，我们要实现"两个一百年"奋斗目标，要为中华民族伟大复兴的中国梦而不断奋斗，关键在于我们要坚持和发展中国特色社会主义文化，坚定文化自信，凝聚起团结奋斗的强大精神力量。

坚持中国特色社会主义文化发展道路，建设社会主义先进文化，走中国特色社会主义文化发展道路，从根本上说就是发展社会主义先进文化之路，也就是以马克思主义为指导，发展面向现代化、面向世界、面向未来的，民族的科学的大众的社会主义文化。社会主义先进文化植根于中华优秀传统文化，在革命文化基础上建立，代表着人类社会文化发展的前进方向，在我国的各项实践中有力推动着社会主义生产力的发展。

党的十八大以来，以习近平同志为核心的党中央把建设社会主义文化强国摆到更加突出的位置，不断巩固和拓展中国特色社会主义文化发展道路。建设社会主义先进文化，要始终坚持马克思主义在意识形态领域的指导地位，努力在纷繁复杂的社会文化生态中辨析主流与支流、区分先进与落后、划清积极与消极，确保文化建设始终沿着正确方向健康发展。

要坚持用社会主义核心价值观引领文化建设，把社会主义核心价值观体现到文化产品创作、生产、传播各方面，唱响在中国共产党领导下走中国特色社会主义道路、实现中华民族伟大复兴的时代最强音。

牢固树立以人民为中心的工作导向，把社会效益放在首位。人民立场是我们党的根本政治立场，人民利益是我们党的最高利益。我国是人民当家作主的国家，党和国家一切工作的出发点、落脚点是实现好、维护好、发展好最广大人民的根本利益。

发展我国文化事业，必须明确这个根本性、原则性问题，坚持正确的文化立场，着力践行以人民为中心的发展思想，做到发展为了人民、发展依靠人民、发展成果由人民共享。要坚持把社会效益放在首位，社会效益和经济效益相统一，切实发挥文化引领风尚、教育人民、服务社会、推动发展的作用，坚决防止市场经济条件下片面追求经济效益，忽视社会效益的现象。

把"不忘本来、吸收外来、面向未来"重要方针落实到文化建设各个方面。发展先进文化，必须坚持承续民族传统、植根伟大实践、秉持开放包容，做到不忘本来、吸收外来、面向未来。要始终坚守民族文化立场，维护民族文化基本元素，加强对中华优秀传统文化的挖掘和阐发，推动中华文化创造性转化、创新性发展。

要始终立足改革开放和社会主义现代化建设实践，准确把握世界文化发展趋势，在人民群众的伟大创造中进行文化的创造，在历史的进步中实现文化的进步。要始终以积极态度对待外来文化，坚持辩证取舍的方法，提高转化再造的能力，在与世界文明交流互鉴中博采众长，不断赋予先进文化强大生机。

要使创新成为中国特色社会主义文化发展道路的主旋律、最强音。创新是文化的生命，文化是最需要创新的领域。一部人类文化发展史，实际上就是一部文化创新史。我们要把改革创新精神贯穿文化建设全过程，着力构建充满活力、富有效率、更加开放、有利于文化科学发展的体制机制，不断激发文化创造活力。

要坚持"百花齐放，百家争鸣"的方针，大力营造鼓励创新的社会环境，提倡不同观点和学派充分讨论，提倡体裁、题材、形式、手段充分发展，推动观念、内容、风格、流派切磋互鉴，使一切创新举措得到支持、一切创新才能得到发挥、一切创新成果得到肯定，让我们的文化更具时代感和吸引力。

第五节　坚持中国文化"走出去"战略

一、文化"走出去"产生于风云变幻之际

文化"走出去"战略是我国重要的战略方针之一，其根源来自我国既有的"走出去"战略。"新中国成立后，中国共产党在马克思主义的指导下，坚持'引进来'与'走出去'相结合，大大促进了中华文化的走出去，加大了我国与外国的文化传播与交流，促进了世界文化的发展。改革开放后，随着我国经济的发展，中华文化走出去战略逐渐完善，中华文化走出去取得了新的发展。"[①]20世纪后期，伴随着我国改革开放力度的不断加大，各项改革程度的不断加深，我国的许多领域与国际接轨，实现了国内外共同发展的良性循环。

进入21世纪，针对新形势，党中央提出文化"走出去"战略。党的十六大报告中指出，"实施'走出去'战略是对外开放新阶段的重大举措"。进入新时代，以习近平同志为核心的党中央高度重视文化建设的重要地位，提出一系列方针政策，制定相关制度体制，保证文化"走出去"的实施。文化"走出去"战略是围绕我国整体利益和国家发展的文化战略，更是我国应对全球化趋势的重要举措。

---

① 　郭琦，洪晓楠.中华文化走出去战略研究 [J].文化学刊，2016(9)：6-11.

（一）国际方面

国际形势的复杂多变，给我国的文化走出去战略与文化建设带来了巨大的挑战，也带来了千载难逢的历史机遇。

1. 国际形势变化给文化建设带来了挑战

和平与发展是时代的主题，但是局部冲突、国家间的摩擦时有发生，国际环境日趋复杂，不确定性、不稳定性明显增加。面对百年未有之大变局，面对复杂严峻的国际形势，我国为了保证国家安全，必须加快实现伟大复兴的中国梦，而中华民族的伟大复兴必须要以中华文化繁荣发展为条件。所以，加强我国的文化建设，提高我国的文化软实力，争取国际话语权尤为重要。

我国要将中华文化和时代特征结合起来，与当代社会与国际相适应相协调，把中华文化以人们愿意接受的喜闻乐见的方式推广开来，使中华文化可以超越国度弘扬开来，创新中华文化成果，使中华文化立足本国又面向世界，向世界展示中华文化的魅力。

2. 国际形势变化给文化建设带来了机遇

"随着科学技术的发展，世界各国的联系日益紧密，全球化成为不可逆转的时代潮流。全球化的迅速发展，对世界的政治、经济、文化、心理等各领域产生了持续且深远的影响，各国也将全球化作为其处理国家间事务的重要参考背景和条件。"[①]可见，全球化在社会的各个领域产生了广泛的影响。其中，经济领域受到全球化的影响无疑是直接的。而在此之后，文化领域受到的全球化影响较大。20世纪末，尤其是进入21世纪，伴随科学技术水平不断提升，各国的联系逐渐加深，互联网成为连接各国的重要媒介，而基于互联网产生的各种软件、各种平台等进一步拉近

---

① 李建霞 . 中国"文化走出去"战略实施路径研究 [D]. 南京：南京师范大学，2020：12.

了各国的距离。

在全球化的影响下，各个国家、各个民族之间的交往愈发密切和频繁。在这一现象的背后，不同文化的交流、碰撞、融合与渗透，形成了一种"文化全球化"的新局面。

当今世界国家间开放的程度不断加深，为了更好地应对全球化的趋势，为了在充满着机遇与挑战的国际环境中实现快速发展，我国应当更加广泛地与他国进行文化交流。换句话说，全球化为各国文化的"走出去"提供了广阔的交流平台，而我们只有顺应潮流，抓住机遇，促进文化"走出去"，才能使本国文化得到更好的发展。

面对各国文化互相交流、交融、交锋的大环境，我国既要保证本国文化的完整与安全，促进我国文化"走出去"，又要大力吸收外来文化的优势，既要让世界上的其他国家了解中国文化的博大精深，了解中国文化的深厚底蕴与内涵；又要借鉴外来文化与文化管理方面的经验，以促进我国文化不断发展和进步，并为世界文化大繁荣贡献中国智慧与中国方案。

（二）国内方面

1. 中国综合国力明显提升

经过多年的努力奋斗，我国综合国力大幅增强，我国社会无论是经济领域还是其他领域，均取得了明显建树。中华文化发扬光大和走出去的广度和深度不断扩大，国际文化的发展趋势是朝着有利于我国的方向演变的，我们要因势而谋、应势而动、顺势而为，加快这一历史进程。

在改革开放强大生命力下，我国的综合国力不断提高，国际地位不断提升。随着我国的发展，中国文化对世界的影响越来越大，在我国与其他国家的深度互动中，外国人有更多的机会、更强烈的意愿，接触、体验和认识中国文化，感受中国文化的魅力，接受中华文化的熏陶。综合国力的提升，给了我国进行文化交流的支撑与"底气"，让我国在世界文化交流的舞台上有着更加平等的地位。

2.传统文化需要与时俱进

传统文化形成于中华民族 5 000 多年的发展历程中，与中国古代社会的方方面面有着不可分割的联系。因此，传统文化中既有符合时代发展潮流的进步因素，又不可避免地存在一些落后因素。这就使得传统文化既有精华又有糟粕。那么，如何尽可能保留传统文化的精华，做到"去粗取精"呢？面对中华传统文化，我们要"取其精华，去其糟粕"，使中华传统文化在新时代的更宽领域与其他民族的文化进行更加广泛的交流与融合，以促进传统文化与时俱进。

二、文化"走出去"的具体体现

在党和中央的正确领导之下，有关部门积极响应，我国的文化"走出去"战略已经取得了初步成效。"在文化'走出去'战略的指导下，中国文化走出去在教育学术、文学艺术与经济贸易领域形成了独特路径，也相应搭建了许多平台，取得了一些成果。"①

（一）教育领域

1.孔子学院

孔子学院是中外合作创办的非营利性教育机构，成立于 2004 年，十几年来一直致力于宣传和推广传统文化，为其他国家中对中国文化有兴趣的友人提供了十分丰富的文化教育的机会与文化推广的平台。

孔子学院的宗旨在于大力传播中华传统文化，促进其他国家的友人与我国人民共同交流汉文化，增进各国友人对中国文化的了解。孔子学

---

① 李建霞.中国"文化走出去"战略实施路径研究 [D].南京：南京师范大学，2020：20.

院的原则为互相尊重、平等对待、友好协商、互惠互利、和谐共处。

截至 2019 年底，我国已经在全球 162 个国家和地区建设了 550 多所孔子学院和 1 172 个中小学孔子课堂。例如，美洲、亚洲、欧洲、非洲、大洋洲分别建有孔子学院 138 所、135 所、187 所、61 所、20 所，分别建有孔子课堂 560 个、115 个、346 个、48 个、101 个（表 5-1）。

表 5-1　孔子学院概况

地　区	孔子学院 / 所	孔子课堂 / 个
美洲	138	560
亚洲	135	115
欧洲	187	346
非洲	61	48
大洋洲	20	101

2. 海外中国文化中心

海外中国文化中心也是我国文化"走出去"的重要途径，是在海外传播中国文化的一种形式。"中国文化中心图书馆'信息服务'职能的具体内容是'向驻在国公众提供涉华信息，介绍中国的历史、文化、发展和当代社会生活'。其收藏了大量介绍中国历史、文化、艺术、旅游、汉语等的书籍、期刊、白皮书及影音资料等。同时，每一个文化中心图书馆是一个'专藏馆'，是中国政府信息公开的窗口，是一个缩小版的中国馆，是中国图书馆设在世界各国的特色分馆，它让中国典籍'借船出海'，将服务延伸到全世界。"[①]

---

① 齐正军. 海外中国文化中心图书馆服务探索与思考 [J]. 图书馆学刊，2021，43(6)：75-79.

3. 中国教育国际交流协会

中国教育国际交流协会是中国教育进行民间交流的重要组织，以"推动中国教育界同世界各国、各地区的交流与合作，促进教育、科技和文化事业的发展，增进各国和各地区人民之间的了解和友谊"为宗旨，无论是对内还是对外，都起到了促进中国文化交流、促进外来文化"引进来"的重要作用。"协会作为专门从事民间对外教育交流的全国性组织，按照'官民并举、政社桥梁'的要求，充分发挥社会团体优势，全面落实立德树人根本任务，统筹国际国内两种资源，卓有成效地开展了内涵丰富、特色鲜明、覆盖广泛的民间教育国际交流活动，实现了从小到大、从面向少数国家和地区到遍布五大洲、从主要涉及高等教育到覆盖各级各类教育、从传统师生往来到平台搭建、学术交流和质量保障多维度快速发展，在组织、协调、规范和引领我国民间教育国际交流方面发挥了桥梁和纽带作用。"[①]

4. 民间交流日益频繁

民间交流是各国进行文化交流与文化互鉴的基石和主要方式，对于世界各国民心相通具有重要作用。随着世界各国相互开放的程度不断加深，世界各国的联系日益密切，民间交流活动也日益频繁，这对我国的文化建设具有推动作用。

以留学为例，留学作为民间交流的一种形式，其对文化传播具有不可小觑的作用，不仅有助于留学生开阔眼界，增长见识，在海外尝试新鲜事物，学习海外文化，还有助于中国文化"走出去"，有助于中国文化的海外传播。在生活中，留学生会与国外的朋友进行交流，不经意间，就能够将中国人的思维方式与思维特征展现给国外友人；留学生回国后

---

① 刘利民. 开渠道、搭平台，推动民间教育国际交流高质量发展[J]. 世界教育信息，2021，34(11): 3-6.

随身携带的各种来自中国的物品，也能够起到传播中国文化的作用。在学习中，留学生与教师、领导会进行较多的互动与交流，这种互动与交流会产生文化与思维的碰撞，有利于文化"走出去"。"在高度认同中国文化的前提下，留学生必然会对现代中国的政治制度、经济发展模式、社会伦理道德有正确认知，向外界传达关于中国的正面信息，助力传播中国文化，塑造良好的中国形象，创造更加有利的外交局面。"①

总之，推动民间交流，要以政府为主导，加强制度及政策的完善，加大对民间交流的支持力度，建设交流的平台、机制；鼓励民间组织积极开展交流活动，使文化"走出去"和"引进来"相结合，充分利用媒体的作用，推动文化交流。

（二）艺术领域

1. 海外中国文化中心

海外中国文化中心是我国在海外设立的、传播中国文化与中国艺术的官方机构。长期以来，文化中心承担着传播中国文化、促进中外文化广泛交流的重任。文化中心还与部分企业合作，生产文创产品，将文创产品销往国外，这对于传播中国文化具有一定的积极意义。另外，海外中国文化中心还时常举办各种演出、展览、旅游年等活动。例如，"欢乐春节"活动是该中心在海外多国举办的，是用于宣传春节文化与中国历史的重要载体。目前世界上已经有许多国家在中国的倡导下开始举办该活动（表5-2）。

---

① 黄义强.关于提升留学生中国文化认同感的思考[J].文化创新比较研究，2022，6(5)：160-163.

表5-2 "欢乐春节"在世界的开展情况

年份 / 年	国家 / 个	地区 / 个	项目 / 项
2013	99	251	385
2014	103	294	506
2015	118	320	800
2016	149	400	2 100
2017	140	500	2 000
2018	130	400	1 000
2019	133	396	1 500

数据来源：中国文化网

2. 中国国际文化交流中心

中国国际文化交流中心是民间进行对外文化交流的团体组织，以广泛开展展览的形式，在国外传播中国文化，助力中国文化"走出去"。

该组织"近年来在文化艺术领域取得了一些成就，为中国文化走出去做出了许多贡献。例如，文化交流中心借中法文化年之际开展音乐会，将传统音乐与当代音乐融合在一起"[1]。又如，文化交流中心在海外举办各种字画展览，彰显中国博大精深的书法艺术和文化，为世界观众提供了感受中国文化的机会。

（三）贸易领域

当今世界，各国的贸易往来越来越多，国际合作趋势尤为明显。通过海外贸易，加深各国文化交流，将中国的文化产品和文化服务中蕴含的文化价值传递给世界，这无疑是传播中国文化的一个契机。

"一带一路"是习近平总书记提出的重要倡议。2 000多年前的西汉

---

[1] 李建霞.中国"文化走出去"战略实施路径研究 [D].南京：南京师范大学，2020：25.

时期，使臣张骞出使西域，贯穿欧亚大陆，直抵罗马地区，开通了一条举世瞩目、贯通东西的重要商贸通道。在这一条路上，时刻都会响起悦耳的驼铃声，这是古代贸易极大发展与繁盛的重要标志。进入新时代，习近平总书记高瞻远瞩，看到了中国与世界各国的紧密联系，提出"一带一路"倡议，希望连接中国与世界各国的贸易线路，搭建更加宽广、更加完善的贸易网络。

"一带一路"倡议的推进不仅有利于各国商贸往来，促进各国经济发展，也有利于带动中国文化走出去。中外共同举办各种活动，包括"文化年""旅游年"等。中国外销大量的文化产品，将文化元素融于其中，以传播我国的传统文化。"在中国文化走出去的同时，要积极培育国内文化市场，只有国内市场成熟了，才能更好地走向世界。"①

总体来看，"一带一路"倡议的提出与实施，加强了沿线各国的经济联系，也加强了各国之间的文化交流，有利于其他国家了解中华文化，也有利于我国吸收和借鉴其他国家的优秀文化，促进我国的文化建设。

三、文化"走出去"战略提质升级

（一）鼓励开发文化资源

文化资源是经过漫长岁月形成的文化沉淀，包含宝贵的文化内涵。文化资源一般包括各种民俗、风土人情、历史遗迹等，它们虽然有些并无实质性的形态，需要以人、物为载体进行展现，如民族音乐、民族习俗等；有些可以直观的形象体现到我们面前，如历史建筑、王宫殿堂等，但是它们都有着深厚的文化底蕴，是文化"走出去"的重要方面，其重要性不容小觑。

在开发文化资源时，政府应当做到因地制宜与社会效益相结合、开

---

① 吴金光，孙晓青.新时代中国文化走出去的战略定位与体制创新 [J].中南民族大学学报（人文社会科学版），2020，40（3）：58-61.

发与保护相结合，不可为了获得一时的利益，而大幅消耗文化资源，要以更加长远的目光来制订开发规划。

一要找寻并开发文化的精神意蕴。中国文化源远流长，大量的精神文化内容寓于文化资源之中。例如，我国的古代建筑中包含了古人的建筑哲学，包括"天人合一""一池三山""对称中和"等。在开发此类文化资源时，政府既要彰显中国文化的物质层面的内容，也要在此基础上着力传递民族精神和思想文化。

二要找寻并开发更加符合全人类共同需求的文化价值。不同文化资源具有不同的内涵和不同的展现形式，只有对其进行整合，才能形成凝聚力。例如，在文化产业建设中，政府应注重文化资源之间的关联性，科学整合资源，充分发挥文化资源的优势。

（二）鼓励创新文化内容

中国文化起源于原始社会末期，在几千年的发展历程中，其形成了十分庞大的文化体系，承载着华夏儿女的民族情感，体现着古代先贤的思想结晶。但是，目前我们正处于"百年未有之大变局"，国内和国际变化十分明显，各国之间的合作与竞争瞬息万变。为了进一步提升中国文化的影响力，助力中国文化更好地"走出去"，我们应当对中华传统文化进行适当创新与发展。

传统文化集古人智慧之精华，集农耕文明之特征，具有明显的历史性、继承性、悠久性。在当代社会，传统文化有许多值得借鉴的地方，但是也有部分内容存在着局限性，与当代社会的发展趋势与发展特征不符。所以，我们要对传统文化进行创新，融入现代元素。例如，传统服饰种类多样，有不同的装饰风格与裁剪方式。我们可以在传统服饰的基础上，加入更多的创意，包括"中国"字样，如此既有一定的创新性，也具有一定的文化性。同时，我们要为传统文化融入时代主题，将中国传统文化元素与中国特色社会主义先进文化和时代特征结合起来。

例如，2022 年北京冬奥会完美地将中华传统文化与时代特征融合起来，无论是火炬"飞跃"、会徽"冬梦"、吉祥物"冰墩墩"、奖牌"同心"等实物，还是开幕式、闭幕式展现的文化艺术表演作品，都巧妙地将传统文化与当今的时代发展特色融合了起来。

需要注意的是，对待传统文化，我们一定要坚持辩证的观点，"摒弃那些与时代不相符合的内容，结合时代的发展实现传统文化的现代性转化，既要继承传统，又要反思超越传统，将历史的和现代的结合，把完整的中国展示给世界"①。凡事都具有两面性，文化的内容同样如此。中国传统文化博大精深，蕴含大量的精神财富，但是有些内容不符合时代发展趋势。我们在认识文化和传播中国文化时，要学会运用辩证的眼光，在继承中发展，在发展中创新，保留先进的文化内容，去除落后的文化内容。按照辩证的观点，任何事物都处于不停变动之中，所以文化必然也应当随着时代发展而与时俱进。

（三）鼓励拓宽传播渠道

一直以来，我国的海外文化传播政策均以政府为主导，政府的宏观管理与调控对于文化的传播尤为重要。但是，这并不意味我国的文化传播仅限于政府主导。在新时代，非政府主导的活动也应当受到鼓励，也应当作为中国文化传播的重要渠道之一。

随着科学技术的发展，我们进入信息时代，无论是获取信息的速度还是信息的涵盖量，都大幅提升。伴随着时代的快速发展，人们的生产水平与科技水平取得质的飞跃，10 年前智能手机还是人们眼中的"稀罕物"，如今智能手机已经成为"生活必需品"。随着手机技术的快速发展，手机平台相应的各种软件也越来越多。人们比较常用的手机软件有

---

① 谭文华. 文化软实力竞争、文化创新与我国文化软实力提升策略 [J]. 广西社会科学，2019(12)：147-151.

微信、微博、QQ、抖音、Face Book、Line、Instagram、Twitter 等。

（四）完善人才培养体系

"人才是国家发展第一资源，一个国家发展的潜力与高度在很大程度上取决于人才积累的厚度。人才是综合国力竞争的核心资源，人才是改革创新的先锋队，人才是实现中国梦的生力军。"[1]当今世界，人才是各国竞争力的重要指标，谁掌握了大量的人才，谁就能够掌握未来社会发展的风向标，掌握文化发展的主动权。所以，中国如果想要在文化传播领域取得更高的建树，必须完善人才的培养机制。

一是对人才进行全方位、全过程的培养。我国要培养一批既充分了解中国传统文化，对传统文化具有坚定信仰，又有一定的创新精神的时代新人，让这批新人担当起传播中国文化，促进文化融合，汲取外来文化精华的重任。

二是加强与国际组织的交流合作，大力推进文化宣传与交流工作。我国应鼓励年轻人"打头阵"，支持他们"走出去"，到海外的各种机构、组织中积极学习海外文化的优秀成分，促进海外文化的创造性转化，同时要保持初心，秉承传统，以中国传统文化为基本、为本质、为核心，向海外传播中国传统文化，彰显传统文化的魅力。

需要注意的是，创新性的培养不应当仅仅流于表面，不是教授几套创新的文化传播方式就是创新，而是要从内在向人才灌输创新的意识，鼓励他们打破思维定式，不断更新观念，最大限度地发挥其创造力，如此才能取得文化"走出去"最好的效果。

（五）海外华人弘扬传统文化

我国在海外的华人数量为世界之最，可以说，在世界的任何角落、任何国家，都可以看到中国人的影子。具体来讲，我国在印度尼西亚和

---

[1]　刘文佳.习近平青年人才观探析 [J].中学政治教学参考，2020(30)：19-21.

泰国的华人数量最多，其次为马来西亚、美国、新加坡等国家。

华人是一个特殊的群体，他们身上流淌着中华儿女共同的血液，但是由于各种原因居于海外。虽然长期在海外，很少在祖国居住，但他们对于中国的传统文化有一种与生俱来的亲切之感。又因为华人与国人沟通基本没有障碍，一般都可以运用汉语进行直接交流，所以通过海外华人向世界各国传播中国文化，促进文化"走出去"，是一条实际可行的路径。

第一，有关部门要多开展文化"走出去"活动，广泛邀请旅居海外的华人华侨参与，鼓励他们共建"文化团""文化角"，由专人进行管理，同时对他们讲解传统文化的内容，鼓励他们宣传传统文化。

第二，有关部门可在海外创办传统文化培训机构，招收华人华侨学员。一方面，华人华侨一般都懂汉语，与教师交流起来没有任何的障碍，有助于沟通和了解。另一方面，华人华侨更容易对传统文化产生共鸣，更容易深入体会传统文化表达的深层意蕴。

总之，海外华人既对中国文化有着与生俱来的认同感，又熟悉国外的生活方式与文化，有着国外的交际圈，让他们作为文化传播的媒介和纽带，对于文化交流与文化建设具有重要意义。

第六章　国家文化软实力提升的指标体系

提高国家文化软实力，要努力夯实国家文化软实力的根基。①

——习近平

第一节　文化资源力

一、文化资源力的相关概念

文化是人本质力量的体现。"人有现实的、感性的对象作为自己本质的即自己生命表现的对象。"②文化是人类在长期的发展与进化过程中创造的现实成果的总和。客观上讲，文化是人的创造物，是对象性存在，因此研究人类社会问题，就应该着眼于文化的基础性作用。文化资源是人类社会得以延续和演进的重要倚重，同时文化资源作为文化软实力的构成要素，其定义并不是"文化"和"资源"的简单叠加。马克思与恩格斯将资源分为"自然生成的自然资源和由人的劳动生成的社会资源"③。我

---

① 习近平．在中共中央政治局第十二次集体学习时的讲话 [N]．人民日报，2019-01-25(1)．

② 杜刚，王云鹏．从康德到马克思物质观的逻辑演进：马克思主义对康德物自体的扬弃 [J]．理论界，2012(5)：74-76．

③ 中共中央编译局．马克思恩格斯选集：第 4 卷 [M]．北京：人民出版社，1995：373．

们现在讲的资源通常是指"满足人类物质生活需要和精神生活需要的自然要素和社会要素的总和"①。而文化资源不仅具有文化的特性，还具有其特殊的社会属性，对于人类社会的发展具有不容小觑的文化力量。从国家治理层面来讲，文化资源的丰富程度代表了其文化底蕴的深厚与否，丰富的文化资源能够在一定程度上代表其文化软实力的建设水平，甚至对于经济、政治的发展有促进作用，因而文化资源力对于提升国家文化软实力有重要的支撑作用。

文化资源力指的是国家拥有的既有文化资源蕴含的作用力。文化资源力主要表现为文化资源的丰富程度，是文化软实力的源泉和基础维度，也是一国发展文化软实力的先决条件。文化资源力是文化软实力在国家建设中发挥作用的前提条件，但最终能否发挥作用，还需要看凝聚、传承、传播和创造等一系列中间环节是否顺畅。文化资源力主要包括物质性文化资源、精神性文化资源以及才智性文化资源三个方面。

（一）物质性文化资源

物质性文化资源是文化资源中最基础的部分，是"人们在生产、分配、交换及消费过程之中，不断地进行着能量、资源、信息的交换，共享人类发展的成果。物质文化层面的文化成果构成了人类赖以生存与繁衍的文化基础"②。因此，物质性文化资源是文化软实力建设中的"硬件"，包括文化基础设施和文化遗产两部分。任何文化活动的开展都离不开设施和场馆的支持。如果没有一定的基础设施，那么文化建设就会缺少支撑，文化力的作用就无法有效发挥，国家文化软实力建设就会缺失开展的载体。一个国家的基础设施建设情况如何，是评价其综合国力的重要

---

① 姚伟钧.从文化资源到文化产业：历史文化资源的保护与开发[M].武汉：华中师范大学出版社，2012：3.

② 杜刚，邢巨娟.文化：人类特有的存在方式[J].长江大学学报（社会科学版），2012，35(2)：160-161，7.

指标，也是其文化软实力建设情况的重要标志。例如，澳大利亚的悉尼歌剧院这一地标建筑就是澳大利亚展现综合国力以及对外彰显其文化底蕴的重要窗口。

文化基础设施是文化资源物质载体的主要形式。首先，文化基础设施通过图书馆、博物馆、文化馆、艺术馆、科技馆、体育馆、文化广场等公共文化设施，为民众提供了接受教育、学习科学文化知识、开展丰富多彩的群众性文化活动的场所，能够更好地满足人们精神文化生活的需要，提高国民的综合素质。其次，文化基础设施可以提升城市和乡村的文化环境，培养群众的文化审美，活跃城乡居民文化生活，提升国民的综合素质，有着潜移默的基础性作用。当前，在建设文化强国的进程中，政府一向注重在文化基础设施建设上的资金投入。在学术界，国家对文化设施建设资金的投入量、文化场馆及体育场馆的数量和档次、文化设备的拥有量和利用率、城市文化的标志性建筑等，常作为衡量一个国家综合国力的重要评价指标出现。

文化遗产是人们承接前人创造的文化或文化产物，是一种文化发展中的自然积淀。文化遗产既包含现实存在的物质文化遗产，也包含不可见的非物质文化遗产两部分。两者对文化遗产展现了不同的价值意义，物质文化遗产以实物为载体展现价值，非物质文化遗产则更加强调隐含在文化中的知识技能和精神价值。中国历史绵延 5 000 多年，为后人留下了宝贵的文化遗产，这些文化遗产数量多、规模大，具有极大的研究价值。

中国共产党在百年征程中留下了丰富的革命遗址，这些革命遗址承载了革命先烈浴血奋战的精神，不仅是中国人民的精神财富，更是当今文化软实力建设的资源宝库，具有一定的社会价值和经济价值。革命遗址作为中国共产党领导全国人民争取民族独立、进行社会主义建设的光辉历程的体现，承载了宝贵精神，对全党开展党史学习教育也有重要的价值意蕴。

（二）精神性文化资源

精神性文化资源主要体现为价值与精神，它是支撑国家和民族的主导意识和精神力量。精神性文化是"人类在精神生活中形成的文化心理、思维模式及精神基质，它处于整个文化结构的最内层，是整个文化的核心。不同的精神文化会形成不同的文化发展模式，同时直接影响着社会个体的精神建构。精神文化往往通过物质文化和制度文化表现出来，它是一种精神状态和社会意识形态，关系到人类主观世界的建构"①。理想、信念和精神等各种无形的力量具有教化、激励和导向作用，它在振奋民族精神，增强民族的凝聚力、意志力和协同力方面发挥着重要作用。"文化精神是维系文化主体存在和发展的精神基础，它包含的价值观念、道德伦理、宗教信仰以及政治法律思想都突出地体现了其文化的个性与特征，文化精神蕴含的内在规定性成为其实现文化竞争力的精神资源和文化传统。"②理想精神代表了社会成员的最高价值追求，是社会成员在社会生活中的精神支柱，突出表现为对某种观念、某种现实形成了深刻的信念的精神状态。已经广泛形成共识的理想精神会对所有成员的行为提出符合该观念的要求，明确相应的行为规范，提出鲜明的价值取向和是非标准，从而产生巨大的精神力量。

中华民族 5 000 多年的历史进程和积淀中，创造出了以爱国主义为核心以及勤劳勇敢、自强不息等生生不息的民族精神。这种民族精神是民族智慧的载体，是民族自我认同的表现，凝结着中华民族 5 000 多年来在实践当中对世界的认识与感知，在中华民族伟大复兴的道路上起着

---

① 杜刚，邢巨娟.文化：人类特有的存在方式 [J].长江大学学报（社会科学版），2012, 35(2): 160-161, 7.

② 杜刚.全球化视域下文化创造力研究 [M].北京：人民出版社，2012: 96.

不可替代的作用。

社会主义核心价值观是社会主义意识形态的集中体现，也是当前文化软实力建设的重点。2014年2月，习近平总书记在中共中央政治局第十三次集体学习时强调："核心价值观是文化软实力的灵魂、文化软实力建设的重点。这是决定文化性质和方向的最深层次要素。一个国家的文化软实力，从根本上说，取决于其核心价值观的生命力、凝聚力、感召力。"这几句话点明了中国先进文化的精髓，为精神性文化资源提供了正向的能量和支撑。

（三）才智性文化资源

才智性文化资源是指经过一定的专业技能培育以后，能够从事脑力劳动并带来一定的经济或社会效益的个人或群体才智性文化资源，是文化资源力中不可或缺的组成部分，也是当前国家文化软实力建设中的主体力量。中国古代就强调人才对于国家发展的重要作用，主张任人唯贤，并将人才视为推动国家发展和社会进步的重要因素。马克思主义将人视作生产力中最活跃的因素，强调人的自由全面发展，在社会生产过程中，优秀人才会引领科学技术的创新和发展，对生产力水平的提升起到促进作用。

在国家文化软实力的发展和综合国力的竞争中，以人才为核心的才智性资源起到了重要的作用。这就使得人才的竞争成为当代国家之间综合国力竞争的新焦点，国家文化软实力也成了综合国力竞争逐渐白热化的当下的重要评价指标。"随着我国社会主义市场经济的繁荣和快速发展，传统的资源竞争优势让位于知识、技术、智力等无形资本。"[①]新时代中国把实现人的全面发展与国家建设紧密相连，并且纳入了国家建设发

---

① 杜刚，邢巨娟.复杂性系统下的当今中国人才激励问题的思考[J].生产力研究，2011(6): 18-19, 34.

展的远景目标中。马克思关于人的相关理论也在我国呈现出全新的发展局面，无限接近"人的自由全面发展"的终极目标。新时代国家综合国力的增强、科技的进步、经济的高质量发展，最终的落脚点都是通过教育提高劳动者素质和培养符合时代发展要求的人才。

二、文化资源力的提升路径

第一，提升文化资源力，要坚持党的集中统一领导。习近平总书记对文化软实力的认识又提升到新的高度，开始上升到综合国力的核心层面。他指出："体现一个国家综合实力最核心的、最高层的，还是文化软实力，这事关一个民族精气神的凝聚。"① 中国共产党的领导是中国历史和中国人民的选择，是推进党和国家各项事业的根本原则。从中华人民共和国成立初期的文化建设到新时代的文化软实力建设，都离不开党在文化建设方面的坚强领导以及在思想上的引领。中国的文化软实力建设，无论过去还是将来，都是在中国共产党的集中统一领导下开展的。中国共产党是文化软实力建设中的政治灵魂，在文化软实力的提升中具有统领作用。中国共产党领导文化建设的历史表明，要不断增强党在领导文化建设中的创造力、凝聚力、战斗力，确保党始终成为精神文化建设的坚强领导核心；要充分发挥党的政治优势、组织优势，不断提升党在文化软实力建设当中的组织力，最大限度地将党组织、广大党员干部和人民群众凝聚在党中央周围，构筑起适应时代要求的文化软实力建设方针，形成坚不可摧的精神力量。

第二，提升文化资源力，要坚持推动公共文化服务发展。进入新时代，我国的社会矛盾已经发生了变化，根据社会矛盾的变化转变公共文化服务体系发展理念十分必要。各级政府在实践中要明确建设公共文化

---

① 习近平.坚持以人民为中心的创作导向，创作更多无愧于时代的优秀作品[N].人民
　　日报，2014-10-16(1).

服务的重要性，深化对于建设公共文化服务的认识，不断拓宽我国当前公共文化服务体系的工作思路，更好地为当前人民的需求服务。具体而言，各级政府作为公共文化服务建设的主体，要对当前的形势和发展预期有充分的认识，要明确当前建设公共文化服务的重要性和紧迫性，同时在开展工作中，明确为人民服务的宗旨，如此才能让人民在公共文化服务中获取所需的文化给养。

另外，公共文化服务的建设要缩小区域差距，促进基本公共文化服务均等化和标准化。各级政府应以扩大公共文化设施覆盖、完善公共文化服务、改进公共文化体系管理、缩小城乡文化供给能力差距为出发点和落脚点，制定具有针对性的措施；建立考核评价和反馈机制，实现公共文化服务活动和项目对群众需求之间的联系和呼应；在不断推进城镇化建设的前提下，利用广播电视、博物馆、文化馆、图书馆等领域不断丰富国民精神方面的给养，积极转变发展思想，根据当地的实际情况进行公共文化服务建设，以产业融合带动文化共生，以文化共生撬动城乡融合。

第三，提升文化资源力，要注重文化遗产保护和合理利用。文化遗产是历史文化传统的重要载体，蕴含着民族精神价值、思维方式、想象力，体现着民族的生命力和创造力，是民族智慧的结晶。文化遗产对于文明的传承、文化自信的坚定的重要性不言而喻。只有在国家层面、社会层面反复强调文化遗产的重要性，提升其重要价值，才能在实践中更好地将保护文化遗产政策落实开展。习近平总书记将历史文化提升到灵魂与生命的高度。2014 年，习近平总书记视察北京玉河历史文化风貌保护工作展览和河堤遗址时明确指出："历史文化是城市的灵魂，要像爱惜自己的生命一样保护好城市历史文化遗产。"因而，对于物质文化遗产，政府要合理开发，保护其蕴含的文化价值；对于非物质文化遗产，政府也要同等重视，明确非物质文化遗产的发展规律，在保护的前提下提高非物质文化遗产的曝光度，充分发挥非物质文化遗产在传承民族文化、增进民族团结方面的作用。

第四，提升文化资源力，要筑牢理想信念之基。历史发展向我们证明，共同的理想信念是精神性文化资源中的核心要素，是凝聚群众思想、保持社会稳健发展的重要精神倚重。习近平总书记指出："要把培养担当民族复兴大任的时代新人作为重要职责。重中之重是要以坚定的理想信念筑牢精神之基，坚定对马克思主义的信仰，对社会主义和共产主义的信念，对中国特色社会主义道路、理论、制度、文化的自信。"①当前的理想信念教育不能只拘泥于学校课堂，更要走进社会。在许多人的观念中，理想信念的培育是学校的事情，而社会主要培养人的生存和生活技能。这种观念上的错误往往导致理想信念教育和社会教育的分离。因此，我们必须扭转当前错误的思维，关注理想信念教育，将社会理想信念教育与个人理想信念教育相互贯通、相互交融。

第五，提升文化资源力，要弘扬中华民族精神。中华民族精神是中华民族共同的精神，也是每一个中华儿女的精神坐标。中华民族经过5 000多年的历史演变，形成了独特的民族文化，培育出卓越的民族精神，勤劳、智慧、勇敢、开拓、进取是中华民族精神明显的特征。中华民族精神既包括中华民族在长期历史发展中凝结而成的以爱国主义为核心的民族精神，也包括基于不同时代境遇和发展状况形成的以改革创新为核心的时代精神。中华传统文化以儒家思想文化系统作为主干，在漫长的历史发展当中，逐步孕育了自强不息、诚实守信等优秀的中华民族精神。近代民族精神又增添了科学、民主、爱国等新的价值观念。民族精神作为一种信仰、一种信念、一种信心，是人们实现奋斗目标的强大精神动力，引导和激励人们积极进取、奋发向上，为全民族的发展提供

---

① 习近平.论党的宣传思想工作[M].北京：中央文献出版社，2020：340.

了取之不竭的动力源。

第六，提升文化资源力，要加强文化人才队伍建设。人才是文化软实力建设的重要主体力量，是文化资源力的重要组成部分。加强文化人才队伍建设是新时期提升我国文化软实力的有效途径。为此，我国应大力实施基层文化人才培养计划以及文化系统党政干部能力建设培训计划，高度重视乡土文化能人、民族民间文化传承人和文化活动积极分子的培养，不断壮大专兼职结合的基层文化工作队伍；大力推进文化系统职业道德建设和作风建设，建立一支政治清醒、业务精湛、作风务实的文化人才队伍。

综上所述，文化资源力是文化软实力中的基础力量，也是文化软实力的外在表现之一，其所包括的物质性文化资源、精神性文化资源和才智性文化资源三者相互联系，为提升国民素质、树立文化自信提供了物质基础和精神支撑。

第二节　文化凝聚力

一、文化凝聚力的相关概念

文化凝聚力是一种向上的道德规范和价值取向。从精神角度来看，文化凝聚力能吸引、团结一个国家或一个民族的所有成员，进而形成合力。社会大众对某种文化产生认同感，就意味着他们认同这种文化的深层结构，即认同文化中蕴含的价值观念、道德情操、思维模式、精神风貌等内容，认同文化中深藏的民族性和归属感。因此，社会成员的文化认同度是影响文化凝聚力形成的主要因素。以文化认同为前提的文化凝聚力可以使共同体内成员在共同的文化理念和文化传统基础上团结起来，拥有强大的自尊心和自信心,从而促进共同体的发展。

每个国家或民族在其历史演进过程当中,其文化形态必然会随着时代的变迁而产生变化,每个国家或民族在其文化发展过程中必然会兼容那些对其发展有益的文化元素,并在此过程中不断推陈出新,产生新的文化元素。从这一层面看,文化凝聚力具体表现在以下几个方面。第一,体现国家或民族优秀文化成果的传统文化。在历史长河中传承和积淀下来的优秀传统文化是一个国家的灵魂,不断继承和发扬优秀传统文化,国家和民族才更有凝聚力。每个国家不管历史长短,都有属于自己的传统文化,这些文化都在特定的条件下发挥着凝神聚力的作用。第二,体现国家或民族意识形态的主流文化。东方国家与西方国家在意识形态等方面的认知天差地别,要形成自身独特且强大的文化凝聚力,就必须建立反映本国或本民族意识形态的主流文化。第三,体现国家或民族广泛共识的核心价值观。每个时代都有每个时代的精神,每个民族都有每个民族的价值观念。从国家或民族传统文化、发展历程中提炼出的核心价值观,深刻凝结着国家或民族长期以来的精神力量、道德规范等内容,是国家或民族文化智慧的结晶。

在了解与掌握文化凝聚力内涵过程中,我们必须要清楚"文化凝聚力"并不等同于"民族凝聚力"。民族凝聚力的场域可以大到整个中华民族,也可以小到某一个少数民族内部的凝聚力,它更多的是指一个民族内部产生的文化感召力与向心力。而文化凝聚力不仅可以是一个民族的文化凝聚力,也可以是某个国家或城市的文化凝聚力,还可以是某个组织的文化凝聚力。在一定情况下,多种文化凝聚力共同影响着特定共同体的生存与发展。虽然说文化是形成民族凝聚力的核心力量,但比起民族凝聚力来说,文化凝聚力的范围更为广泛,产生的影响也更为深远。

二、文化凝聚力的提升路径

（一）凝神铸魂：继承和弘扬中华优秀传统文化

中华优秀传统文化是我们必须世代传承的文化根脉、文化基因。中华民族优秀传统文化之所以能够绵远流长、从未间断，究其原因是中华优秀传统文化蕴藏深层价值追求和生存智慧，具有的强大生命力和强大传承力。增进文化认同、增强文化凝聚力的首要任务就是深入挖掘中华优秀传统文化的思想精华和民俗文化资源，然后在传承和保护中探索中华优秀传统文化的时代价值，推动中华优秀传统文化的创造性转化和创新性发展。

第一，要深入挖掘中华优秀传统文化的思想精华和民俗文化资源。一方面，我们要保持客观理性思维，坚持科学性、批判性和时代性原则，全面分析中华传统文化，取其精华，去其糟粕，发掘那些早已打破时空界限，在今天仍能发挥激励、教育、影响等作用的中华优秀传统文化；另一方面，我们不仅要深入挖掘中华优秀传统文化以儒家、法家、道家等为代表，讲仁爱、重民本、守诚信、崇正义、尚和合、求大同的思想精髓，更要挖掘传统文化中蕴藏的乡土乡音、乡规民约等对社会民众产生深刻影响的民俗文化资源。尤其是民俗文化中蕴含的"天下兴亡，匹夫有责"（《日知录·正始》）的爱国精神、"天行健，君子以自强不息"（《周易》）的奋斗精神、"春蚕到死丝方尽，蜡炬成灰泪始干"（《无题·相见时难别亦难》）的无私奉献精神等，更能够激发起人民群众重家国、重伦理、重礼仪的情感认同，增强人民群众的归属感和民族自豪感，从而凝聚起中国特色社会主义文化的精神血脉。

第二，要重视对中华优秀传统文化的传承和保护。中华优秀传统文化是"中华民族的'根'和'魂'，是我们最深厚的文化软实力"①。因此，对中华优秀传统文化资源的传承和保护至关重要。一方面，相关政府部门要组织开展中华优秀传统文化资源的保护工程，通过建立文化遗产数据库的方式联通各省区博物馆，以更好地开发、研究和保护文化遗产资源。与此同时，相关政府部门应予以必要的政策和资金扶持，引入民间资本，在多部门组织合力下以多种形式加强对中华优秀传统文化资源的保护。另一方面，相关政府部门要加强对中华优秀传统文化资源的传承和普及教育，既要把中华优秀传统文化的文化底蕴和时代价值相结合，通过民俗节日、服饰文化、饮食文化等将中华优秀传统文化渗透到民众的日常生活中，又要把中华优秀传统文化融入学校教育、家庭教育、社会教育中，使民众在潜移默化中感受中华优秀传统文化的魅力。

第三，坚持中华优秀传统文化创造性转化和创新性发展。任何一种文化形态要保持生命力，必须结合时代发展和社会实际并不断前进，如此才能焕发出新的生机和活力，中华优秀传统文化也不例外。这就需要我们在对中华优秀传统文化深度挖掘和价值凝练后，还要将其内蕴的人文精神与中国特色社会主义建设的现实要求相契合，赋予中华优秀传统文化鲜明的时代价值。此外，"文化因交流而多彩，文明因互鉴而丰富"②。人类社会的发展就是在各国文化交流碰撞中不断前进的。只有不断学习和借鉴其他国家的优秀文化成果，中华优秀传统文化才能不断焕发出新的生机与活力。中华优秀传统文化在符合时代需求中，在适应现代社会发展中，在与世界各国文化的交流碰撞中，找准定位，创新求变，拥有了新的时代价值和表达形式，成为实现中华民族伟大复兴的中国梦的精神力量。

---

① 本书课题组.习近平总书记系列讲话精神学习读本[M].北京：中央党校出版社，2013：68.

② 习近平.习近平谈治国理政[M].北京：外文出版社，2014：258.

（二）凝心聚力：坚持马克思主义在主流意识形态领域的指导地位

习近平总书记在纪念马克思诞辰 200 周年大会上指出："马克思主义始终是我们党和国家的指导思想，是我们认识世界、把握规律、追求真理、改造世界的强大思想武器。"①中华人民共和国成立后，中国确立了以马克思主义为指导思想的社会主义意识形态，这也为社会主义核心价值体系建设奠定了政治前提、物质基础。在当前的国际局势下，各种文化思潮此起彼伏，对我国意识形态的冲击较为猛烈。因此，我们必须坚持马克思主义在主流意识形态领域的指导地位，加强中国特色社会主义文化建设，强化认同，提升主流意识形态的凝聚力。

第一，坚定马克思主义信仰是提升文化凝聚力的必由之路。信仰是个体精神世界的最高层次，是国家或民族对社会个体的终极关怀。一个国家或民族要实现平稳有序、健康长远的发展，不仅需要优秀传统文化中的精神力量，还需要对国家或民族长远发展的理想信念。信仰马克思主义就要坚持科学真理和价值理性的辩证统一。作为主流意识形态的马克思主义，不仅用其科学理论导引着我国社会主义建设的发展进步，还在潜移默化中使每一个社会个体树立正确的世界观、人生观和价值观。因此，当对马克思主义的信仰、对共产主义的远大理想和对中国特色社会主义共同理想成为广大党员领导干部和人民群众的思想共识和奋斗目标时，社会主义核心价值体系和社会主义核心价值观便能做到真正深入人心，小到社会群体，大到民族国家，都会因此而变得更加稳定与团结。

第二，在深化马克思主义理论研究中增强理论凝聚力。习近平总书记在党的十九大报告中指出："必须推进马克思主义中国化时代化大众

---

① 习近平. 在纪念马克思诞辰 200 周年大会上的讲话 [N]. 人民日报，2018-05-05(2).

化，建设具有强大凝聚力和引领力的社会主义意识形态。"①马克思主义是科学的、大众的、与时俱进的理论，深化对马克思主义的理论研究，有助于社会主义核心价值体系的完善和发展。因此，我们要研究马克思主义关于价值的形成、基础、依据、本质、特征、标准、途径、发展规律等方面的科学思想、科学论断、科学命题，探寻马克思主义价值理论的科学内涵；从文化传统、民族发展的角度出发，使马克思主义在与其他社会思潮的碰撞中，不断发展和延伸相关研究的新视角、新观点、新领域；持续深入推进马克思主义中国化研究，在中国特色社会主义理论体系与新时代坐标下研究创新话语体系，强化马克思主义理论的人民性，彰显马克思理论的时代魅力、民族特色、实践特色。

第三，要不断推进主流意识形态宣传工作向前发展。虽然经济建设是我国社会发展的中心工作，但意识形态工作对我国社会发展的稳定性有着深刻影响。面对当前复杂的国际形势和多元的社会思潮，我们必须紧握意识形态工作的领导权、管理权和话语权。一方面，宣传思想工作应当在党性和人民性相统一的过程中，坚持尊重规律、实事求是、贴近生活的工作原则，整合社会文化资源，搭建宣传教育平台，提升宣传思想水平。这就要求宣传思想工作者保持较高的思想敏锐度和开放度，积极探索适应时代要求和人民需要的新举措和新办法，把宣传思想工作做优做强。另一方面，对舆论环境的监管不容忽视。自古以来，舆论是影响一个国家或民族发展的因素。好的舆论导向可以成为发展的"晴雨表"、道德的"风向标"、社会的"黏合剂"。做好宣传思想工作就必须营造出良好的舆论环境，尤其要管好、用好互联网舆论阵地，切实维护我国的意识形态和文化安全。

---

① 习近平.决胜全面建成小康社会 夺取新时代中国特色社会主义伟大胜利：在中国共产党第十九次全国代表大会上的报告[M].北京：人民出版社，2017：10，65.

（三）凝聚共识：积极培育和践行社会主义核心价值观

社会主义核心价值观是中国特色社会主义伟大实践在精神层面的结晶，也是中华文明长期滋养的结果。习近平总书记曾指出："要以培养担当民族复兴大任的时代新人为着眼点，强化教育引导、实践养成、制度保障，发挥社会主义核心价值观对国民教育、精神文明创建、精神文化产品创作生产传播的引领作用，把社会主义核心价值观融入社会发展各方面，转化为人们的情感认同和行为习惯。"[①]积极培育和践行社会主义核心价值观，有助于提升我国文化凝聚力，有助于推动社会的和谐稳定、长治久安和国家的繁荣富强，为实现中华民族伟大复兴的中国梦提供了精神基础和根本保障。

第一，要将社会主义核心价值观融入社会大众的日常生活之中。社会主义核心价值观既体现了社会主义的本质要求，继承了中华优秀传统文化，也吸收了世界各国优秀的文化成果，体现了时代精神和时代风貌，反映着当代中国社会发展进步的方向。因此，我们要通过教育引导、思想宣传、文化熏陶、行为养成、制度保障等方式方法，使社会主义核心价值观内化为人们的精神追求，外化为人们的自觉行动。一方面，榜样的力量是无穷的。我们要在人民生活中树立榜样模范和典型事迹，通过英雄人物和先进模范的行为举止与思想品德影响和感召人民群众。另一方面，我们要从青少年抓起，从学校教育抓起，让社会主义核心价值观进书本、进课堂、进头脑，通过丰富多彩的文化活动和文化载体，生动具体地展示社会主义核心价值观。

第二，为践行社会主义核心价值观提供制度保障。一种社会意识、价值观念要想融入人民群众生活之中，除了需要社会大众的行为自觉之

---

① 习近平.决胜全面建成小康社会　夺取新时代中国特色社会主义伟大胜利：在中国共产党第十九次全国代表大会上的报告[M].北京：人民出版社，2017：42.

外，还需要通过一定的政策制度予以激励和保障。要推动社会主义核心价值观深深扎根于人民生活当中，相应的社会制度的保驾护航至关重要。培育和践行社会主义核心价值观需要不断地深化和推进中国特色社会主义制度体系的建设，反过来中国特色社会主义制度体系的建设也要充分体现和反映社会主义核心价值观，这两者是相辅相成、相互促进的。因此，我们需要借用制度的强制性和权威性，强效有力地促进社会主义核心价值观的培育和践行，从而使社会主义核心价值观真正落地生根，不断推动中国特色社会主义事业的继续向前发展和社会主义和谐社会的构建。我们坚信，在制度的作用下，社会主义核心价值观的培育必然会取得全面性的胜利。

总而言之，作为文化软实力重要表现形式的文化凝聚力，其实现必须坚持马克思主义在主流意识形态领域的指导地位，继承和发扬中华优秀传统文化，推进马克思主义中国化建设，积极培育和践行社会主义核心价值观，增强中国特色社会主义文化的认同力、感召力和凝聚力，达到历史性与时代性的辩证统一、稳定性与变动性的辩证统一。

第三节　文化传承力

一、文化传承力的相关概念

文化传承力是国家文化软实力建设的重要组成部分，具有继往开来、传承文化基因的重要价值。中国文化的传承主要包括对中华优秀传统文化、革命文化和社会主义先进文化三种文化的传承。"文化传承力，不仅蕴含着主体对于文化传统的认知和继承，也体现了主体创造性的挖掘和发展。离开文化创造，文化传承力是难以实现的。"[①]因而，文化传承过程中不能离开保护、批判与创新，三者的结合发展才能最大限度地发挥文化传承力，提升国家文化软实力。

（一）传承与保护

文化传承意味着保护。文化的保护不是墨守成规或者故步自封，是在肯定与否定统一下对文化的扬弃；文化的传承是在否定旧事物的基础上的传承，是对优秀文化的传承和发展。保护的前提是对国家文化资源的挖掘和整理。中国文化资源的挖掘和整理要以文化资源保护为基础。这就要求我们对当前拥有的文化资源有清晰的认识，在此基础上，对这些文化资源进行有效整理，提出针对性的保护措施，从而保证文化的传承，为文化软实力的建设提供有效支撑。对于那些实际存在的古迹、建筑、遗址、文物等，我们应进行保护和修复并合理利用，最终在保持其原生状态的前提下实现文物的再生；对于那些非物质形式的如工艺、艺术、技术等，我们更要进行保护性再造，也就是在继承的基础上，进一步让其与时俱进，符合时代发展要求。另外，我们还要注重对文化传统的保护。文化传统作为前人在社会实践中生成的文化成果，是一种潜在的文化资源。传承文化传统要以保护为前提，这样才能在保护中使得国民产生身份归属和文化认同感，为文化传承提供前提。

（二）传承与批判

文化传承意味着批判。文化传承的进程中要坚持对中国传统文化在批判中继承。中国的传统文化对于现代中国文化有着正反两方面的影响，需要秉承去粗取精的原则对中华传统文化进行传承和发展。精华部分对新时代中国的发展有益，应继承和弘扬；糟粕部分不利于当前社会的发展，应批判和剔除。当前需要批判的部分主要包括以下几个方面。第一，

---

① 杜刚.全球化视域下文化创造力研究 [M].北京：人民出版社，2012：97-98.

中国传统文化中的落后观念。文化的发展具有时代性,因而在生产力尚不发达的年代,在落后的生产力的影响下,人类对事物难以做到全面认知,因而一些观念具有局限性,与当前发达的生产力不相符,需要对其进行批判。第二,传统文化中存在的封建思想观念。在传承过程中,我们要厘清什么属于封建思想、什么是传统文化的精华部分。"批判地继承,就是秉持"扬弃"的精神,在客观地评价既有文化传统的基础上,取其精华,去其糟粕,以一种对历史负责任的态度和对文化发展的使命感来看待文化传统,而不是简单地复古或返祖。"①第三,传统文化中不符合时代要求的部分。传统文化的内容是具有时代性和历史性的,其中符合当代中国社会发展的要继承,一些不符合时代发展要求的则予以批判甚至淘汰。

(三)传承与创新

文化传承意味着创新。把握好传承与创新的关系,意味着要把握好传统和当代的关系。习近平总书记指出:"中华优秀传统文化创造性转化,就是要按照时代特点和要求,对那些至今仍有借鉴价值的内涵和陈旧的表现形式加以改造,赋予其新的时代内涵和现代表达形式,激活其生命力。"②当前,在综合国力的竞争中,文化软实力发挥的作用越来越重要,各国在意识形态方面的斗争日趋白热化,因此我国更需要掌握文化话语上的主动权,如此才能保证中华民族历史和优秀传统文化的发展和传承。传统文化是中华民族在发展历程当中充分发挥自身的主观能动性创造出来的,因此每个社会成员都是传统文化的创造者。当前,我们只有将文化的创新和中华优秀传统文化的传承统一起来,才能进一步提升文化软实力,为建设社会主义文化强国提供保障。

---

① 杜刚.全球化视域下文化创造力研究[M].北京:人民出版社,2012:98.
② 中共中央宣传部.习近平新时代中国特色社会主义思想学习纲要[M].北京:人民
出版社,2019:147.

（四）厘清"三种文化"之间的关系

在对文化保护、批判和创新的过程中，不仅要明确认知中华优秀传统文化，更要厘清中华优秀传统文化、革命文化和社会主义先进文化之间的关系。

中华优秀传统文化在中华民族 5 000 多年历史的激荡中沉淀而成，对于中华民族文化血脉的延续具有不可替代的作用。中华优秀传统文化维系和凝聚了中华民族的文化血脉，是推动中华民族在历史进程中自强不息、砥砺前行的力量源泉，不仅影响了中华民族物质文明和精神文明发展历程，在世界文明发展史上也产生过重要且深远的影响。

革命文化是中国共产党人领导中国民众在争取民族独立、人民解放的历史斗争中形成的文化，是马克思主义基本理论与中国革命斗争实践相结合的产物，体现了中华民族的优良传统和党的性质、宗旨。革命文化是在新民主主义革命时期，在中国共产党的带领下，书写出的红色篇章。作为一种精神力量，革命文化在革命过程中起到了不可替代的支撑作用。革命文化具有承上启下的作用，它根植于中华优秀传统文化，为社会主义先进文化的形成奠定了基础。毫不夸张地说，革命文化蕴含的丰富的精神内涵及深厚的历史意蕴，既是支撑中国革命取得胜利的强大动力，又是社会主义建设和改革的重要文化支撑。

社会主义先进文化即以先进的世界观、人生观、价值观为核心，适应生产力发展的客观要求，能够反映时代精神、引领社会发展方向的文化。具体而言，社会主义先进文化就是"坚持以马克思列宁主义、毛泽东思想、邓小平理论为指导，立足于建设有中国特色社会主义的实践，着眼于世界科学文化发展的前沿，不断发展健康向上、丰富多彩的，具有中国风格、中国特色的社会主义文化"[①]。社会主义先进文化立足我国国

---

① 江泽民 . 论"三个代表"[M]. 北京：中央文献出版社，2001：158.

情，适应时代发展，是文化自信的重要组成。习近平总书记指出："要坚持社会主义先进文化前进方向，用社会主义核心价值观凝聚共识、汇聚力量，用优秀文化产品振奋人心、鼓舞士气，用中华优秀传统文化为人民提供丰润的道德滋养，提高精神文明建设水平。"①中国共产党在不同的发展阶段，始终是先进文化的代表，引领文化前行，重视文化创新。我国踏上全面建设社会主义现代化国家的新征程，党要高举社会主义先进文化的大旗，坚持走中国特色社会主义文化道路，坚定社会主义先进文化发展方向，用社会主义先进文化提振中国人民加强文化软实力建设的底气，让文化自信在文化软实力建设中充分彰显。

二、文化传承力的提升路径

第一，提升文化传承力，要坚持把马克思主义基本原理同中国具体实际相结合，推进马克思主义中国化。坚持马克思主义在意识形态领域的主导地位是提升文化传承力根本问题。中国共产党自成立之日起，就坚持以马克思主义及其创新理论来指导革命实践。这种对马克思主义的坚持也是文化传承力的一种体现。马克思主义的指导地位保证了文化建设的无产阶级性质。马克思主义十分重视无产阶级的文化主导权，认为只有在社会中"占统治地位的思想"才能实现对文化的领导权。因而，要提升文化传承力，我们必须以马克思主义及其中国化创新理论指导各项文化工作，秉承正确的文化价值观，大力发展社会主义先进文化，以社会主义核心价值观引领社会思潮，凝聚人心，抵制各种非马克思主义意识形态对人民的侵蚀，把亿万民众集中到实现中华民族伟大复兴的中国梦上来，同心同德、群策群力，建设社会主义文化强国。

第二，提升文化传承力，要弘扬博大精深的中华优秀传统文化。中

---

① 中共中央文献研究室.习近平关于社会主义文化建设论述摘编[M].北京：中央文献出版社，2017：12.

华优秀传统文化蕴含着中华民族根本的精神基因和最深层的价值追求，是社会主义文化建设之源。我们今天在提升文化传承力，建设中国文化软实力的进程中，要继承和弘扬中华优秀传统文化，增强中华优秀传统文化的影响力。首先，深入挖掘中华优秀传统文化精髓。中华文化绵延5 000多年，为我们留下了宝贵的精神财富。例如，儒家提倡的"己所不欲，勿施于人"（《论语》）的道德准则，至今仍值得人们坚守。因此，提升文化传承力要让中华优秀传统文化与新时代的实际情况相结合，焕发新的生机与活力，用源远流长、博大精深的中华优秀传统文化激励人心。其次，要批判地继承中华传统文化。中华传统文化是自然经济的产物，一定程度上具有封建社会的狭隘性、封闭性。对于传统文化，我们要加以甄别并且批判地继承，努力发掘那些在今天仍能发挥激励、教育和催人奋进的中华优秀传统文化，赋予其新时代内涵和表达形式，使其成为推动中国特色社会主义发展的重要文化力量和精神力量。

第三，提升文化传承力，要弘扬历久弥新的革命文化。具体而言，弘扬革命文化应做到以下几点。首先，要充分认识到优质革命文化对于提升文化传承力的重要意义。中国革命的胜利果实来之不易。中国人民历经千辛万苦，革命范围覆盖了大江南北，这其中蕴含着革命先烈的先进事迹及精神的革命文化资源分布范围也非常广泛，内容极其丰富。时至今日，每一处革命遗迹，每一个革命历史展馆里的革命物品都蕴含着革命先辈的崇高理想、高尚追求和大无畏的奉献精神，这些都是非常鲜活的教材。要想提升文化传承力，我们就要进一步认识到革命文化的独特内涵，充分运用革命文化资源的教育功能、经济功能及思想引导功能。其次，要通过革命文化陈列馆建设弘扬革命文化的优质资源。革命文化陈列馆是通过陈列展示体现革命者崇高理想、奉献精神等的物品，使参观者感受革命者的崇高使命和情怀，进而塑造自己高尚的人格、家国情怀的革命精神学习教育基地。相关管理者要不断提升建设层次，结合时代需要，及时更新陈列内容，鼓励组织参观学习，使革命文化陈列馆成为传承血脉的精神家园。最后，要充分发挥革命文化资源在当前的党史学习教育活动中的重要作用。2021年，中共中央印发《关于在全党展开党史学习教育的通知》，要求在中国共产党成立100周年之际，在全党开展党史学习教育，从而进一步凝聚全党和全国人民的共识，为在新的历史起点上夺取伟大事业胜利凝聚精神力量。在这一方面，红色文化资源就是当前党史学习教育的最好的教科书和学习材料。红色文化资源是中国共产党党史的重要组成部分，将其融入党史学习教育中，对红色事迹、红色故事、红色精神等进行深入研究，并结合实际编入学习教材和资料中，能够充分挖掘和发挥红色文化资源的教育功能。

第四，提升文化传承力，要传播与时俱进的社会主义先进文化。社会主义先进文化立足我国当前经济社会生活实践，为促进精神文化的发展提供了动力支撑。要传播与时俱进的社会主义先进文化，应做到以下几方面。首先，建设社会主义先进文化必须坚持马克思主义的指导，抵制不良价值观渗透。其次，必须在社会主义先进文化建设中融入民族精神和时代精神。中国历史悠久，文化源远流长，在长达数千年的历史长河中形成了以爱国主义为核心的民族精神。中华民族在历经外敌入侵的民族劫难后依然屹立于世界，靠的就是这种不屈不挠的民族精神。此外，社会主义先进文化建设还应不断融入以改革创新为核心的时代精神。

综上所述，文化传承力的提升是一项复杂的系统工程，需要处理好传承与保护、批判与创新的关系，厘清中华优秀传统文化、革命文化以及社会主义先进文化之间的关联。坚持马克思主义在思想领域的引领，尊重文化的多样性，在批判中发展，在创新中传承，如此才能确保文化软实力建设的正确方向。

第四节　文化传播力

一、文化传播力的相关概念

文化传播力是传播主体借助传播媒介将特定的符号和意义体系通过多元化的传播渠道到达受众从而影响社会的能力，表现为特定区域文化在文化交流过程中产生的吸引力和影响力。如果说文化传播的目的是实现文化的独特价值及美学意蕴在全球范围内的开放共享，使全人类的交流突破时间和空间的限制，形成开放自由的国际文化发展格局，那么文化传播力的目的就是在展示文化主体的文化成果中，"通过必要的文化传播媒介，不断地扩展其文化的影响力，在积极吸收其他文化模式先进创造成果的基础上，促成自身文化的优化，从而不断地打破地域空间和结构空间的局限，获得更加广阔的生存空间"[①]，以提高文化主体在国际竞争上的话语权和综合实力。文化传播系统内的主体、媒介、渠道、受众等要素都深刻影响着文化传播力的提升与发展，只有各要素之间相辅相成、相互作用、有机结合，共同对文化传播力产生积极向上的推动作用，才能有效地提升和发展文化传播力。但这只是影响文化传播力的内因，文化传播力外部因素的影响力量也是不容小觑的，如地理位置的差异、意识形态和价值观念的差异、宗教信仰的差异等影响着文化传播力的辐射范围和实现程度。

综合而言，影响文化传播力的提升大致有以下几种途径。第一，发掘文化底蕴和文化价值的能力。厚重的历史文脉中总是蕴藏着人类文明对于真善美的价值追求，同时这部分内容是吸引力最强的一部分，它可

[①]　杜刚.全球化视域下文化创造力研究[M].北京：人民出版社.2012：99.

以跨越时空距离、跨越种族肤色差异等，让人们返璞归真，消除一切外界因素带来的成见与误解。第二，文化传播主体的传播能力。互联网的发展早已打破了单向灌输式的文化传播模式，多元主体下互动式的文化传播成为主流，尤其是社会大众都成为传播主体时，他们的文化素养、审美能力和传播素质等都在一定程度上影响着文化传播力的提升和发展。第三，整合创新文化资源的能力。当今社会，历史文化资源分布较为散落，虽然一些语言符号随着文明的传承使用至今，但是历史和当下的话语表达方式有天壤之别。将文化资源实现地域与时空的相互融合、相互贯通，并用符合当下的叙事风格展现处理，实现历史与现代、本土与外来文化协同发展，如此可增进文化认同和文化自信。第四，文化传播技术的创新能力。传播媒介的优化和传播渠道的范围深刻影响着文化传播力的辐射范围和实现程度。虽然当今社会的传播是"内容为王"，但是再香的酒如果没有通过恰当的传播媒介和传播渠道进行推广，也难以达到预设的传播效果。第五，文化传播力应体现为不同文化主体建立在文化创造基础之上的一种文化展示的能力。文化主体应在文化交流和文化交往中，不断地促进本土文化的创造性转化和创新性发展，维护自身文化的主体地位。[①]

二、文化传播力的提升路径

（一）对内文化传播

1.构建多元传播主体融合格局

政府及官方主流媒体是文化传播的核心力量，扮演着"领头羊""风向标"的角色。尤其是官方主流媒体作为官方政府的发声渠道，拥有一定的话语权，它不仅能够吸引社会上的普通受众，还能吸引具有一定社

---

① 杜刚.全球化视域下文化创造力研究[M].北京：人民出版社，2012：100.

会影响力的受众群体。另外，中华优秀传统文化、革命文化和社会主义先进文化作为主流文化，其传播、传承和社会影响力的建构，都需要官方主流媒体的宣传和报道。官方主流媒体应利用自身的话语权，在不同情境和场合中增加各类媒体对中华优秀传统文化和革命文化、社会主义先进文化的报道，以提升受众对中华优秀传统文化的认同度，进一步形成中华民族的文化自信，树立中国文化大国、文化强国的形象。

社会组织是文化传播的重要力量，主要包括文化企业、新媒体平台、互联网公司等。社会组织不仅兼具政府及官方主流媒体和社会个体的传播主体功能，还有着客观中立性等特点，尤其是在大众传播中，有别于政府及官方主流媒体，社会组织的文化传播领域更为广泛、传播内容更为娱乐化。在文化传播过程中，社会组织能够调动各方社会力量，从不同的文化视角、不同的层次领域向社会大众传播或深或浅的文化内容，尤其可以针对特定的文化群体传播其真正需要的文化内容，通过大数据、云计算等手段达到目标化、精准化的文化传播。社会组织中的文化传播从业者应不断提升自身的文化素养、专业技能素养、道德素养和创新意识，自觉抵制网络环境带来的不良思想，强化自身在文化传播中的使命担当。

在当前的文化传播环境下，人际传播成为文化传播的基本表现形式，而这也赋予每个社会个体以传播者的身份。在这种背景下，KOL（关键意见领袖）的传播主体地位尤为突出。相较于上文所述的两种文化传播主体，KOL凭借其专业知识、人格魅力等自身优势，吸引了大量的粉丝，并在文化传播过程中将"陈情"和"说理"深度融合，为传播受众创造出高接受度和高喜爱度的文化传播内容。但是在人际传播中，传播主体无论是KOL还是普通大众，都应不断提高自身的文化素养和媒介素养，提升对虚假信息的辨别与批判能力，在媒体平台点击、转载、发布信息时要遵守法律法规，拒绝传播不良信息，树立积极参与文化传播的责任感和使命感。

2. 坚持"内容为王"，打造新时代优质文化传播内容

文化传播内容的表现形式十分丰富。以影视作品为例，中央电视台策划推出的《国家宝藏》《典籍里的中国》等综艺节目在讲述中华优秀传统文化"前世今生"的过程中，既通过文化表演的方式再现了中华优秀传统文化的魅力，又通过使用符合时代性的话语表达方式展现出其具有的时代价值；中央电视台策划推出的《全国大学生党史知识竞答大会》等综艺节目，以重大革命历史题材电视剧《觉醒年代》《闪闪的红星》等为代表的影视作品，通过艺术刻画的形式再现了那个思想启蒙、战火纷飞的年代下革命先辈的奋斗史诗；以《哪吒之魔童降世》《长征先锋》等为代表的动画作品，既讲述了中华优秀传统文化中的神话故事、红色文化史实，又通过使用符合青少年的话语表达方式传递了其中蕴藏的精神力量，实现了通过吸引、激发目标受众兴趣点和关注度而达到说服教育的目的；以《大江大河》《山海情》《人世间》等为代表的电视作品，以小人物、小细节为故事切入点，生动再现了中华人民共和国成立以来人民生产生活方式的发展变化。

无论是影视作品、文化书籍还是其他的传播内容表现形式，创造者应积极总结其成功经验，要坚持"守正、创新、走心"的创作原则，打造文化精品内容。"守正"就是要守中国特色社会主义文化中客观的人、事、物，不能随意杜撰历史；"创新"就是要用现代化的语言符号和叙事风格讲述历史，尤其是让那些经典书籍通过现代化阐释变得更加通俗易懂、富有人情味，以此拉近社会大众和历史人物、历史故事的时空距离，点燃社会大众重温历史、感悟精神的热情；"走心"要求创作者换位思考，从目标受众的文化需求出发，思考大家想知道什么、看到什么、听

到什么，而不是千篇一律进行同质化"复制粘贴"，只有通过创作者的精心策划、细心打磨等走心的文化创作，才能够为传播受众提供历史感与时代感并存的精神食粮。

3. 建立多重传播渠道，创新文化传播方式

除了传统的报纸、报刊、广播和电视等传播渠道外，建立适应时代发展的传播渠道已成为新时代文化传播的时代要求。为此，我们应以"互联网＋"和"文化＋"两大类传播渠道为着手点，利用新媒体媒介传播优势，创新文化传播方式，实现文化内容的有效传播。

一方面要打造"互联网＋"传播渠道。自智能手机诞生以来，移动电子设备开始发生时代性的变革与发展，时至今日移动手机客户端、互联网搜索引擎等技术已日趋成熟，并日益成为文化传播的主要渠道。以抖音、快手为代表的短视频平台，以淘宝、京东为代表的电商平台，以微信读书、今日头条为代表的新闻阅读平台，以优酷、网易云音乐为代表的影音播放平台，以微信、微博为代表的社交媒体平台，此类平台具有娱乐化、互动化、全民化等特点，摆脱了传统的单一传播方式，不仅使得文字、图片、音乐、视频等多种内容可以有机融合，还能够通过平台之间的互动联合，使得目标受众在文化传播过程中通过点赞、实时评论等方式获得实时性的参与和体验，甚至可以有效拓宽文化传播范围，在多领域共赢的基础上获得最优化的传播效果。

另一方面要打造"文化＋"传播渠道。文化贸易、文化旅游、体育赛事、文化节、艺术展等都在不断丰富着文化交流方式和渠道。第一，文化产业中的创意产品不仅能够提升产品的文化内涵和品质，提高文化创意产品的市场吸引力，还有利于打造文化产业精品，形成独具中华特色的文化品牌和艺术风格，增强我国文化产业的影响力和竞争力。第二，文化旅游是文化传播中吸引力和体验感最明显的文化传播方式，推动文

化和旅游深度融合发展，将演艺业、VR 技术、数字技术融于文化旅游之中，搭建起一个全方位、立体化、沉浸式的文化旅游平台，如敦煌博物院推出的"云上敦煌"微信小程序，既通过数字技术对文化遗产进行保护，又使得游客足不出户也能探索、游览敦煌石窟，了解敦煌的历史和知识。第三，体育赛事、文化节、艺术展等文化交流平台在民间文化传播渠道中越来越受到大众的欢迎和追捧，其中以体育赛事最为明显。多数国家队运动员知名度较高、社会影响力较强，既能在比赛场上向目标受众展示出拼搏、奋进等积极向上的体育精神，又能在赛场下通过自身的一言一行表现出中国特色社会主义文化的底蕴和精神追求，有利于更好地向目标受众传播中国特色社会主义文化。

（二）对外文化传播

在全球化的背景下，中国文化对外传播已成为塑造国家形象和提升国家文化软实力的重要途径。

要增强文化对外传播，就需要调动一切积极有益的主体力量讲好中国故事。在传播主体多元化的发展趋势下，"政府—非政府组织—国外组织"这三个主体应发挥传播能量，使中国故事借助不同维度的话语表达深入国外文化生活，以营造一个良好的外部舆论环境。对于政府主体而言，其要充分发挥政府文化传播领导权和主导权的作用，利用好国内主流媒体的传播渠道和平台；由于一些非政府组织的传播能力和传播渠道有限，政府部门还应在中间起到组织协调、牵线搭桥、教育培训等作用；在对外文化传播过程中，政府部门还有着维护国家安全的重要作用，以促进对外文化传播的健康发展。然而，单纯依靠宣传、文化、外交等政府部门来讲述中国故事是远远不够的，专业媒体、驻外企业、中外合资企业、留学生等非政府组织同样是中国文化对外交流的主要力量。因此，激发和释放这些非政府组织在传播过程中的传播活力和潜能同样重要。

另外，依靠一些国外的组织或团队的声音和力量，让更多的人从第三方的角度听到中国故事、感受中国魅力，同样可以使中国文化的对外传播达到事半功倍的效果。

文化对外传播的内容不同于国内不同省域内的传播交流，存在着宗教信仰、意识形态、价值观念等多种文化壁垒，因此如何打破这些壁垒成为传播内容面临的首要问题。在这个"内容为王"的时代，我们要秉持以受众为本的理念，结合目标受众的文化理念和行为方式，量体裁衣，对症下药，探索不同的叙事话语和表达方式，不仅要传播和讲解中华优秀传统文化的表层知识和具体内容，更要着力诠释和体现其中蕴含的中华民族的智慧、理念和价值取向，尤其是在内容翻译过程中，要重视文化的"对话性"和符号的"置换性"，用符合目标受众语言特点和使用习惯的方式去表达和言说，努力将中国文化融入目标受众的精神世界与日常生活中。

在文化对外传播与交流的过程中，经济商品、贸易往来是文化交流的首要渠道和方式。文化产业运作中产生的文化创意商品承载着东方文明的文化内涵和精神力量，可以打造具有代表性的企业品牌，激发本土消费者积极、可信赖的品牌联想，从而产生连锁式的传播效应。与此同时，随着互联网、新媒体技术等传播媒介的发展，Tik Tok、YouTube等视频网站以及淘宝、亚马逊等电商平台也成为当今时代下文化传播的主要渠道。从这一层面看，我们可以借助网络平台以及 VR、AR 等技术手段，推进"文化 + 旅游""文化 + 影视""文化 + 商业"等线上线下融合发展的文化产业新业态，让国外用户在潜移默化间了解、接受、传播中国文化。

综上所述，无论是对内文化传播还是对外文化传播，都要坚持党委领导、政府监管的体制机制，以结构合理、运作高效、体制完备的方式服务行业的发展，推进传播主体、传播内容、活动载体等方面的有效结合，加强话语体系建设，讲好中国故事，传播中国好声音，提升国家文化软实力。

第五节　文化创造力

一、文化创造力的相关概念

文化创造力是人类独有的本质特征，是文化主体在文化实践中不断释放和展示自身潜能的一种能力，是创造主体在文化实践中不断对具体内容进行否定之否定的动态过程。可以说，"创造就是一个按照美的规律来建构世界的过程"[①]。文化创造力是在文化实践活动中的总体性生成，不仅是创造主体在实践过程中以整合既有文化资源、调动主体积极性和能动性为前提进行的一项复杂的系统工程，也体现了文化创造的现实成果和人的本质内涵的丰富和充实等内容。

要了解文化创造力，我们就要先明白文化创造力的产生动机。文化创造力的产生动机主要包括内部动机和外部动机两种类型。文化创造力的内部动机体现在文化主体的超越本性、满足自身内部需要、文化主体的历史责任等三个方面，外部动机则以外界环境的刺激为诱因，通过激励与压力等方式激发创造主体产生一系列的行为动机。在内外部动机的双重作用下，创造主体在发挥自身主观能动性的过程中不断激发自身的创造热情。鉴于文化创造力突出表现为人在这一过程中发挥和释放各方面潜能而产生的创造力，是人的知识积累、实践能力和品德素质的集中体现，而文化创造必然会受到外界环境等因素的影响，文化创造力的构

---

① 杜刚，邢巨娟. 提升人才创造力与解放人才的战略性思考[J]. 前沿，2012(5)：
19-21.

成要素可归纳为知识因素、能力因素、素质因素和环境因素四种。就知识因素而言，虽然知识是一个人智力的重要组成部分，但不是决定因素，不能因为一个人知识储量的多少而决定他创造能力的大小，丰富的知识含量只是有助于人在整合并运用知识内容中更好地发挥其创造才能；就能力因素而言，人是文化创造过程中不可或缺的重要因素，人要将拥有的知识付诸创造实践之中就应当不断提升其处理信息的能力、观察判断的能力、管理组织能力和反思创新能力；就素质因素而言，它包含除了人的知识储量、能力大小之外一切"软性"因素，主要表现为自信、质疑、勤奋、勇敢、热爱、好奇心、紧迫感、兴趣爱好以及情感需要等方面；就环境因素而言，外部环境的优劣直接关系到创造力是否能够有效发挥，和谐稳定的生活环境、家庭环境、工作环境、社会舆论环境等会在无形中推动文化创造力的实现和提升。

"文化是人类社会特有的现象，是以人的活动方式以及由人的活动创造的物质文化产品和精神产品为其内容的系统。人类活动作用于自然界，产生了物质文化；作用于社会，产生了制度文化；作用于人本身，产生了精神文化。"[①]就构成而言，文化可被分为物质文化、制度文化和精神文化等三个层面。具体来讲，物质文化是文化中最为活跃的因素，主要通过各种物质形态展示文化主体创造的文化成果；制度文化处于文化的中间层，是在保持个体与群体关系、群体与群体关系的确定性和稳定性中形成和发展起来的；精神文化是文化最深层次的部分，集中体现了特定区域或群体内的价值观念、思维方式、民族性格、道德情操等内容。文化创造力的实现可从这三方面的创造成果中呈现出来，即物质文化成果是社会进步和发展的前提和基础，制度文化成果为维护社会稳定和协调

---

① 周洪宇，程启灏，俞怀宁，等.关于文化学研究的几个问题[J].华中师范大学学报（哲学社会科学版），1987（6）：47-58.

发展提供体制保障，精神文化成果为社会的发展提供必要的精神动力和智力支持。

综上所述，"质"的发展和变革是文化创造力实现的目的和归宿。但不是说有了文化创新，文化创造力就彻底实现了，文化创造力必须经过合乎规律的客体性尺度、合乎目的的主体性尺度和主客统一的实践性尺度等三个标准的评判，达到主体与客体统一、内容与形式统一和现实性与超越性的统一。由此可见，文化创造力的提升能够在一定程度上推动社会主义文化建设的进步与发展。

二、文化创造力的提升路径

（一）物质文化成果的创造

物质文化是人类在改造自然界的过程中形成的物质成果，物质文化层面的成果构成了人类赖以维系生存和发展的前提。因此，物质文化成果的创造应体现在以下三个方面：

第一，要推进文化形态方面的创新。文化形态是反映一个国家或民族的文化发展现状和社会发展水平的重要标志。政治法律思想、道德、文学艺术、科学、宗教、哲学等都属于文化形态的具体表现形式。当前社会主要存在着主流文化、精英文化和大众文化三种文化形态，在一定的场合下，这三种文化形态相互影响、相互促进。走在实现中华民族伟大复兴的道路上，我们既要不断地促进既有文化精神和文化传统的转型发展，使其在符合时代发展要求中焕发光彩，也要在文化的交流借鉴中，依托互联网、新媒体、人工智能等科技手段，将原本较为单一的文化形态的具体表现形式进行融合式发展，不断创新和发展社会主义文化形态，促进文化创造力的提升。

第二，要推动文化产业繁荣发展。"文化产业就是通过现代的工业化标准生产、再生产、储存以及分配文化成果和服务的社会活动，是与意识形态的文化成果相对应的一种特殊意义的文化形态，是社会生产力的重要产物。"[1]推动文化产业繁荣发展，一是科学规划和制定新的文化发展的总体战略、管理方式、产业机制和市场运作体系，加强政策体制引导和科学规范化管理，以保障文化产业的健康发展；二是解放和发展文化产业主体，培育投入稳定、产业专精、掌握核心技术的科技创新企业，鼓励其积极与具有相关科研能力的高校和科研院所进行对接，协同发力，形成产学研用相结合的文化创新机制；三是在数字经济的时代背景下，优化文化生产要素的资源配置，推进文化生产智能化，大力发展文化创意产业，提高文化创意产品和服务的附加价值，在促进文化产品快速流通过程中释放文化创意产业的创造活力，进而创造智慧共享的"文化云"平台；四是开拓国际视野，吸引社会资本和境外资本创办文化企业，推动文化企业国际化发展。

第三，要培养文化创新人才，加强智库建设。习近平总书记曾指出："我国要在科技创新方面走在世界前列，必须在创新实践中发现人才、在创新活动中培育人才、在创新事业中凝聚人才，必须大力培养造就规模宏大、结构合理、素质优良的创新型科技人才。"[2]因此，培养文化人才建设，一是建立政府部门、产业企业、行业院校联动机制，推动行业人才需求、企业人才需求、院校人才培养信息发布与对接，不仅要培育专业化人才，更好培育传播、旅游等新兴行业领域需要的复合型人才；二是坚持领域聚焦、需求导向、以用为本，探索更加精准、有效的引才聚才新方式，通过业内人士及行业协会，有力集聚一批重点领域急需的高层次人才和专门人才；三是深化新时代人才体制机制改革，打破门槛，加大选人用人机制的创新力度，创造优秀人才进得来、留得住、用得上

---

① 杜刚.全球化视域下文化创造力研究[M].北京：人民出版社，2012：40.

② 习近平总书记2014年6月9日在中国科学院第十七次院士大会、中国工程院第十二次院士大会上的讲话.

的识才用人机制，建立有活力的文化产业优秀人才、特殊人才的使用与激励机制。

（二）制度文化成果的创造

制度文化即人之内心的有关制度的观念系统，"是人类在政治生活和制度安排过程中结成的各种思想观念的总和，包含制定制度的原则、价值和理念等"①。中国特色社会主义的制度文化，把中国古代制度文化精华、西方制度文化的合理要素、后发国家民族和民主革命文化以及当今时代人类社会新发展理念等与社会主义的基本制度有机融合，成为当今时代全球化顶层设计和人类命运共同体建构的示范性的制度文化。②因此，新时代推进制度文化成果的创造应体现在以下三个方面：

第一，要推进中国特色社会主义法治化建设，为文化创造力的实现提供法治保障。在中国特色社会主义建设和发展中，我国创造性地将法治文化建设的普遍规律与我国特殊国情相结合，探索出一条符合中国国情、具有中国特色的社会主义法治化建设之路。在这条道路上，我们必须要坚持中国共产党的领导、坚持人民主体地位、坚持法律面前人人平等、坚持依法治国与以德治国、坚持从中国实际出发等基本原则，实事求是，推进中国特色社会主义法治化建设。一方面，文化创造力的实现需要一定的法律制度进行保障。法治建设是一个动态过程，既要与当下经济社会发展的实际情况相协调，又要体现和尊重不同利益主体的法律诉求和合法权利。另一方面，文化创造力的实现需要加强广大党员干部和人民群众的法治思维和法律意识，用法治的精神和原则去判别是非曲直，使他们借助法律手段维护自身合法权益，用法律约束自身行为举止，

---

① 张西山.中国特色社会主义的制度文化分析 [M].北京：社会科学文献出版社，2013：52.

② 宋朝龙.中国制度文化在推动人类命运共同体建构中的示范价值 [J].学术论坛，2020，43(1)：117-122.

不触碰法律高压线，并在工作和生活中通过法律途径制止违法犯罪行为，维护社会的和谐安定。

第二，要推进国家治理体系和治理能力现代化建设，以更好地发挥中国特色社会主义制度的优越性。国家治理体系和治理能力是中国特色社会主义制度及其执行能力的集中体现。在这一建设过程中，各级政府应坚持党的集中统一领导、坚持以人民群众为中心的价值取向、坚持依法治国、坚持改革创新等显著优势。这是因为国家治理的主体本质上是人民，国家治理的成果最终由人民共享。推进国家治理体系和治理能力现代化建设，最根本的是在强化治理理念、优化治理结构中加强顶层设计，增强广大党员干部的领导能力，完善党的执政体系，巩固党的执政地位。中国特色现代国家治理体系中包含党和政府、社会、公民等治理主体。因而，在推进国家治理体系和治理能力现代化建设中，各级政府要调节好多元化治理主体之间的关系，使各治理主体主动适应社会发展的时代要求，善于依靠人民群众的力量，调动社会各方力量协同治理，化解社会矛盾冲突，走向多元主体共享、共建、共治的新格局。

第三，要营造与优化文化环境，为文化创造力的实现提供必要的环境和氛围。文化环境是特定历史时期生产方式和生活方式在现实社会生活中的体现，一经形成便成为一种客观存在的物质力量，影响着社会大众的文化活动。依据文化环境的深浅程度和影响范围的大小，文化环境可划分为基础层次的文化环境、中等层次的文化环境和较高层次的文化环境；从空间角度分析，文化环境主要由本土文化环境和外来文化环境构成。①但无论从哪一种结构去研究文化的创新机制，良性的社会运行模式、优质的文化发展条件、宽松的文化创造氛围以及和谐的文化结构都是文化环境创新的重要标志，也是文化创造力得以提升的重要前提。因

---

① 马志政.论文化环境[J].浙江大学学报（人文社会科学版），1999(2)：71-79.

此，文化环境的创新就是通过不断地优化、重组和再造，建构更加有益于文化创造力实现的社会文化风尚和氛围，就是要通过不断地评估和解读既有的社会文化结构、文化模式、社会秩序以及规章制度，尤其要注重营造虚拟空间中的文化舆论环境，为文化创造力的提升创生出更加先进、优越的制度体系。

（三）精神文化成果的创造

精神文化是指人类在精神生活中形成的文化心理、思维模式及精神基质。它处于整个文化结构的最内层，是整个文化的核心。它对文化的其余部分有着重要的决定作用，包括情感、意志、习俗、道德思想、法律思想、政治观念、宗教信仰、哲学思想及社会心理等社会意识性质。因此，精神文化成果的创造主要体现在以下方面。

第一，进行精神文化的创新。精神文化"是一个国家或者民族在长期的社会生产和社会生活过程中逐步形成的，它反映了该文化集群拥有的文化特质，并以此来区别于其他的文化主体，以获得自身的存在价值与意义"[1]。对于一个国家或民族而言，在不同的历史时期都会创造出符合那个时代发展的文化精神，以凝聚、感召和影响民众。对于中国而言，主要应从以下两点中不断凝练出有助于实现伟大复兴中国梦的时代精神：一是根植于中华优秀传统文化和红色文化，在继承和发扬民族精神中继续发掘思想精华。在人类文明历史的发展进程中，中国民族创造了源远流长、博大精深的中华优秀传统文化和红色文化，而凝结其中的优秀传统精神广博而深厚，蕴含着丰富的哲学思想、价值理念和道德规范等。我们要在继承和发扬民族传统精神中，深刻理解中华优秀传统文化和红色文化的核心思想，结合时代特点和发展要求，对有益于当代社会发展的那部分内容加以改造，提炼出精神内涵并赋予其新的时代内涵和价值

---

[1] 杜刚.浅谈文化创造力与文化创新机制[J].黑龙江社会科学，2012(1)：30-34.

追求。二是根植于社会主义先进文化，发掘时代精神。黑格尔曾指出："时代精神是一个贯穿所有文化部门的特定的本质或性格，它表现为自身在政治里面以及别的活动里面，把这些方面作为它的不同成分。[①]"中国经济社会发展的每一阶段提炼出的精神内容只是反映特定时期特定内容的。在中国特色社会主义伟大实践中，我国应在继承和发扬中国特色社会主义文化的基础上，吸收和借鉴其他国家的文化成果，并将两者有机结合起来，形成具有新的时代特点和价值意义的文化精神。

第二，推动文化知识的创新。文化知识是人类在认识和改造世界的过程中形成的对于整个世界的认识。文化知识的创新不仅能够为文化创造力的实现提供必要的知识储备和积累，还关系到文化创造的实现水平和层次。自古以来，中华民族创造的思想文化灿若繁星，如以孔子、孟子、老子等为代表的哲学文化思想，以李白、杜甫、苏东坡等为代表的诗词文化，以京剧、晋剧、昆曲等为代表的戏曲文化，不同阶段产生的文化内容不仅反映了特定时期的社会发展情况和人民精神文化生活状态，时至今日对中华民族的发展仍影响至深。当今社会，尤其是互联网问世以来，伴随着科技的快速发展，知识内容也在不断更新之中。文化知识的创新可以为文化主体在文化创造的实践当中提供新的理论和方法依据，进而成为促进科技进步和经济增长的革命性力量。对于国家和民族而言，进行文化知识的创新就是不断推动教育行业进行变革，打破原有的发展模式和教育理念，在注重专业知识和技能的同时，利用各种平台促进学科内容交叉融合发展，于无形之中开阔受教育者的知识视野；对于社会个体而言，就是要在不断发展的社会进程中，不断学习新的知识，开拓进取，博闻强识，兼具宽厚扎实的基础知识和广博精深的专业知识，并

[①] 黑格尔.哲学史讲演录：第 1 卷 [M].贺麟，王太庆，译.北京：商务印书馆，1959：56.

在这一过程中不断提升自身的审美能力、实践能力等文化素养，成长为适应现代化社会发展的复合型人才。

综上所述，文化创造力是提升国家软实力的活力源泉。"从某种意义上说，文化创造力是国家的核心竞争力，是一个民族与一种文化的生命力。古今中外，国家与国家之间的竞争，民族与民族之间的竞争，归根到底是文化创造力的竞争。"[1]

---

[1] 杜刚，邢巨娟.文化创造力：当今中国文化变革与发展的重要依据 [J].中央社会主义学院学报，2012(2)：103-105.

第七章 文化强国建设视域下国家文化软实力提升的时代意蕴

中华文明源远流长、博大精深，是中华民族独特的精神标识，是当代中国文化的根基，是维系全世界华人的精神纽带，也是中国文化创新的宝藏。[①]

——习近平

时至今日，一个国家的强盛发展，不仅看的是经济、政治、军事等"硬实力"的发展，更加注重文化等"软实力"的发展。国家文化软实力的提升不仅是新时代建设社会主义现代化的必然要求，还是实现中华民族伟大复兴的应有之义。提高国家文化软实力，对于建设文化强国、增强国际的文化辐射力、实现构建人类命运共同体具有极其重要的意义与价值。

[①] 习近平.把中国文明历史研究引向深入 推动增强历史自觉坚定文化自信[J].求是，2022（14）.

第一节　历史使命：社会主义现代化强国的必然要求

中国特色社会主义进入新时代后，我国必须进一步加强文化强国建设。提升国家文化软实力是全面建设社会主义现代化强国的重要内容，也是实现中华民族伟大复兴和第二个百年奋斗目标的必然要求。建设社会主义文化强国，必然谈及国家文化软实力的提升，它既是社会主义文化强国建设的重要目标，也是衡量社会文明程度的标准，更是文化治理现代化的最终归宿，为国家治理体系和治理能力现代化提供了思路。

一、国家文化软实力提升是社会主义文化强国建设重要目标

中共十七届六中全会首次提出"建设社会主义文化强国"目标，中共十九届五中全会进一步明确了建成文化强国的具体目标和实现时间。这两次会议充分表明国家对于文化软实力建设的价值意蕴及重要性有了更为系统和深刻的认识。在当今的世界格局下，文化与政治、经济相交融，而且文化软实力在国际中的地位越来越突出，提升国家文化软实力成为我国建设社会主义文化强国的重要目标、首要任务。文化的力量深深熔铸在民族的生命力、创造力和凝聚力中。当前加强中国特色社会主义文化建设，发展先进文化，对于推进文化强国和社会主义现代化，对于提高社会文明程度和国民素质具有重要意义。

建设社会主义文化强国要求把中国建设成为一个富强民主文明和谐美丽的现代化强国，而文化软实力是社会主义文化强国建设中的核心要素，因此，国家文化软实力的提升成为当前文化建设中的重中之重，其关系到社会主义现代化的进步，关系到实现社会主义文化强国的目标。

建设社会主义文化强国是提高国家文化软实力的最终归宿。经过长

期奋斗和不懈努力，我们全面建成小康社会，开启全面建设社会主义现代化国家新征程。这意味着中华民族的千年期盼在当代中国变成现实，在中国发展史、中华民族发展史乃至人类发展史上具有极为重要的意义。中国特色社会主义是全面发展、全面进步的伟大事业，没有社会主义文化繁荣发展，就没有社会主义现代化。全面建设社会主义现代化国家，文化的地位不可替代。统筹推进"五位一体"总体布局、协调推进"四个全面"战略布局，文化是重要内容；推动高质量发展，文化是重要支点；满足人民日益增长的美好生活需要，文化是重要因素；战胜前进道路上各种风险挑战，文化是重要力量源泉。在新的历史起点上推进文化强国建设，就是要坚持精神文明和物质文明协调发展、依法治国和以德治国有机结合，加强社会主义精神文明建设，弘扬社会主义核心价值观，繁荣发展文化事业和文化产业，不断丰富人民精神文化生活，促进国民素质的提高和社会文明程度达到新高度，显著增强国家文化软实力，充分发挥文化引领风尚、教育人民、服务社会、推动发展的作用。

文化软实力不仅是综合国力的组成部分，对于经济、政治和社会等其他方面的发展起着推动作用。首先，文化软实力是推动国家经济发展的重要力量。假如文化发展过程中没有精神要素的参与，那么经济建设的结果必定是低效甚至无效的，文化通常会以知识信息等无形的形式物化到经济建设中，从而通过文化来影响经济的发展。文化产品如今正在成为一种独立的贸易形态和重要的经济商品。其次，文化软实力是影响国家政治发展的重要因素。在历史上，许多政治变革从文化变革开始，文化变革是政治变革的先导和政治建构的根基。每个国家的政治运作离不开其历史形成的民族心理和文化习性，而民主政治的实现也有赖于国民文化素质与民主意识的增强。这些都要求国家文化软实力的提升。再次，文化软实力是维护社会稳定的前提条件。文化的矛盾与冲突是造成社会不安定的重要因素，而强大的文化软实力能够促进人际关系的协调，对于整合民族力量、缓和社会矛盾、促进社会和谐有积极作用。

二、国家文化软实力提升是提高社会文明程度的重要指标

中共十九届五中全会提出了"提高社会文明程度"，这不仅是"十四五"规划的愿景目标，也是社会未来进步与发展的目标。社会文明程度是社会进步发展的表征，社会文明程度的提高与人民的文化素质、中华优秀传统文化、民族的文化创造活力等紧密相连，是衡量国家文化软实力提升的一个重要标准。

衡量一个国家的文化软实力的水平，社会文明程度是重要指标。经济发展到一定程度，就需要相适应的社会文明程度相匹配。从国家文化软实力来看社会文明程度，其主要涉及以下两个方面。从中华民族伟大复兴上看，"提高社会文明程度"包括对中华优秀传统文化的继承和发展，以及新的发展条件下民族的创新性、创造性发展，从而实现历史、当下以及未来贯通式的复兴。从文明转型变迁的意义上看，"提高社会文明程度"要求我们在具体工作中关注和研究社会发展的文化变迁、需求和规律，从文明高度和视野求解文化命题。比如，乡村要传承和发展好优秀的乡土文化传统，使人民群众物质上富裕、精神上富足；家庭、社区要以民间文艺等人民群众喜闻乐见的样式培育和弘扬社会主义核心价值观，形成良好的社会风尚。可以说，"提高社会文明程度"是从我国社会和文化发展的实际出发做出的目标指向，直接指导我国的教育事业、文化事业等各方面发展，有利于提高我国的教育、国民素质与公共文化服务等文化事业发展水平，全面提升社会的创造力和发展活力。

"提高社会文明程度是一件尽精微而至广大的事业，既见于生活细节，又化于无形的意识形态，能够成为提升发展的持续动力。"① 关于"提

---

① 王金虎.提高社会文明程度 涵养文化根脉：访中国文联副主席、中国民协主席潘鲁生[N].光明日报，2020-11-26(5).

高社会文明程度"需要实现的不只是一个具体的成果或量化的指标，更是一种深入、持久的提升和推进，这就需要各方面齐发力，提升国家文化软实力。如今的国家文化软实力成为竞争的重头戏，不仅关系着社会文明程度的提高，对于民族复兴也有重要意义。国民道德水准、思想觉悟等都与社会文明程度有关，也是国家文化软实力的重要内容。毫不夸张地说，提高全社会文明程度，提升国家文化软实力，是新时代实现中华民族伟大复兴的必然选择。

三、国家文化软实力提升是文化治理现代化的重要价值旨归

"变革、革新、转型时期，往往是最能考验人们原有价值观念和道德观念的先进程度和自觉程度的时期。"① 当前，面对复杂的国际国内局势，不断增强文化自信，提升社会文明程度，成为国家文化软实力建设的应有之义。文化治理现代化作为国家治理体系和治理能力现代化的重要组成部分，它既是"社会主义先进文化彰显其时代价值的具体呈现，也是国家文化软实力得以提升的重要依赖"②。可见，新时代国家文化软实力的提升，不仅有助于走出一条具有中国特色、时代特征的文化现代化之路，还有助于推进国家文化治理现代化，促进社会文明程度的提升。

一方面，文化治理现代化是推进国家治理现代化的重要基础。习近平总书记 2020 年 9 月 22 日在教育文化卫生体育领域专家代表座谈会上强调："统筹推进'五位一体'总体布局、协调推进'四个全面'战略布局，文化是重要内容；推动高质量发展，文化是重要支点；满足人民日益增长的美好生活需要，文化是重要因素；战胜前进道路上各种风险挑

---

① 杜刚，邢巨娟.树立正确荣辱观 构建和谐校园文化 [J].中共山西省委党校学报，2006(3)：62-64.

② 杜刚，苏敏.文化治理视域下山西文化软实力提升路径研究 [J].中北大学学报（社会科学版），2021，37(5)：55-59.

战，文化是重要力量源泉。"因此，没有社会主义文化强国，就没有社会主义现代化。文化治理现代化旨在最大限度地激活人民群众在国家文化治理中的主体性，全面发挥文化在国家治理现代化进程中的结构性力量，引导全国各族人民坚定文化自信，争做崇高道德的践行者、文明风尚的维护者、美好生活的创造者，自觉建功新时代。

深入推进文化治理现代化，创新文化治理能力，是国家治理体系和治理能力现代化的深厚支撑。文化映照着社会的精神气象，文化治理水平不仅影响着文化发展的内生动力，还直接关系到国家现代化的发展态势和运行状况。面对百年未有之大变局，我党准确把握世界范围内思想文化相互激荡、我国社会思想观念深刻变化的趋势，保持社会主义现代化水平，充分发挥制度的显著优势，为国家治理现代化提供了强大的价值引领和精神动力。

文化治理现代化是在坚守文化立场上，发挥文化力量。国家文化软实力的提升是文化自信的进一步体现，是更基础、更广泛、更深厚的自信，是文化治理现代化中更深沉、更持久的力量。随着物质生活水平显著提高、人民的精神文化需求更加多样化，以文化治理加强社会主义核心价值观对人民群众的教育和引导功能，进一步发挥其蕴含的理想信念、价值取向、道德规范，能够引领人民坚定文化自信、提升素质、积极投身于中华民族的伟大复兴中，在融入国家和民族事业中实现国家治理体系和治理能力现代化。在国家文化软实力提升的道路上以文化治理现代化为发展思路，在社会实践和经济发展的各个领域提炼文化要素，促使中华文化根脉和当代文化风尚更加深入地覆盖人民生活全过程，形成博采众长、兼收并蓄且富有活力的文化氛围，让文化力量在社会多领域实现创造性转化、创新性发展，这样做有利于实现文化治理现代化在国家文化软实力中的价值导向。

另一方面，文化治理现代化也是提升国家文化软实力的重要实践。

从文化治理现代化的角度看，完善的治理体系与强大的治理能力是社会主义现代化强国的重要标志。因此，建设社会主义现代化强国，就要深化认识、增强能力，充分发挥文化治理现代化理念对推进治理体系与治理能力现代化的理论指导作用，推进国家文化软实力的提升。

文化治理现代化是彰显中国共产党初心使命的应有之义。深入推进文化治理现代化是坚持、完善和发展中国特色社会主义制度的必然要求，是新时代中国共产党的使命担当。百年来，中国共产党在为人民谋幸福、为民族谋复兴而奋斗的伟大历程中，始终视文化为"整个革命机器中的齿轮和螺丝钉"，历来高度重视运用文化引领前进方向、凝聚奋斗力量，团结带领全国各族人民不断以思想文化新觉醒、理论创造新成果、文化建设新成就推动党和人民事业向前发展。党的十八大以来，在中国共产党坚强领导下，中国特色社会主义道路进入新时代，人民文化自信显著增强，社会凝聚力量明显提升，文化治理现代化取得长足进步，奠定了党领导人民接续奋斗的思想基础。

文化治理现代化还始终在坚持共同的理想信念、价值理念、道德观念，弘扬中华优秀传统文化、革命文化、社会主义先进文化，促进全体人民在思想上精神上紧紧团结在一起，这是我国国家制度和国家治理体系的一个显著优势。新时代，人民对美好生活的期盼成为文化强国建设的重要内涵。这就要求我们大力推进文化强国建设，提升国家文化治理能力，把制度优势全面转化为治理效能，不断用多样化、多层次、多方面的文化产品供给满足人民群众的美好生活需要，推动精神生活共同富裕，增强国家整体的文化软实力。

第二节　伟大梦想：中华民族伟大复兴中国梦的应有之义

2013 年，习近平总书记在十八届中央政治局第十二次集体学习时指出："提高国家文化软实力，关系'两个一百年'奋斗目标和中华民族伟大复兴中国梦的实现。"①党的十九大报告又指出："文化兴国运兴，文化强民族强。没有高度的文化自信，没有文化的繁荣兴盛，就没有中华民族伟大复兴。"②重视并致力于文化软实力的提升，是党和国家自始至终的目标，文化强国也是实现中华民族伟大复兴的中国梦的重要之路。

一、有助于继承和弘扬中华优秀传统文化

中华优秀传统文化博大精深、源远流长，正因如此，才能够在世界文化的激荡中站稳脚跟。中华优秀传统文化是实现中华民族伟大复兴的"根"与"魂"。反之，伟大复兴的实现有助于继承和弘扬中华优秀传统文化。新时代，实现民族伟大复兴，要把继承与弘扬中华优秀传统文化提高到国家文化软实力的战略层次，创新文化活力，使中华优秀传统文化适应现代化的发展，展示独特魅力，最终实现中华民族伟大复兴的中国梦。

继承和弘扬中华优秀传统文化，可以创新文化，增加新活力。中华优秀传统文化是中华民族几千年的文明积淀，也是国家文化软实力中最重要的思想来源，更是中华民族伟大复兴的不竭动力。中华优秀传统文

---

① 习近平.在十八届中央政治局第十二次集体学习时的讲话 [N].人民日报，2013-12-30(1).

② 习近平.决胜全面建成小康社会 夺取新时代中国特色社会主义伟大胜利：在中国共产党第十九次全国代表大会上的报告 [N].人民日报，2017-10-19(1).

化中有着丰富的道德思想、文化思想、哲学思想以及各种精神观念，为后世认识世界和改造世界提供了不朽的思想借鉴和启示。"我们要善于把弘扬优秀传统文化和发展现实文化有机统一起来，紧密结合起来，在继承中发展，在发展中继承。"①中华优秀传统文化要在继承的基础上创新，缺少继承的创新是无源之水。继承与弘扬中华优秀传统文化有利于将新时代的内涵赋予文化之上，实现文化创新。

继承和弘扬中华优秀传统文化，适应社会主义现代化建设。继承和弘扬中华优秀传统文化的形式与途径不仅要适应社会主义现代化建设，还要适应社会主义文化建设。党的十八大以来，中国始终从战略层面关注文化发展中的新趋势与新现象，关注年轻群体成长和移动互联网双重驱动下的文化产业新业态，研究融媒体时代信息传播规律下的文化动向，将中国文化置于全球视野和时代变迁的格局中提升活力。文化强国建设进入新时代，各种新兴文化业态快速发展；"文化＋""互联网＋"等新技术、新模式不断涌现；文化形态与媒介渐渐融合，为继承和发扬中华优秀传统文化创造了更好的条件。总之，在服务形式、内容建设、传播手段、管理机制的创新驱动下，科学技术推动文化产业发展的动力更加明显，从而进一步解放和发展了文化生产力，赋予了中华优秀传统文化更易传承的时代新内涵，更好地满足了基层群众日益增长的精神文化需求。

继承和弘扬中华优秀传统文化，展示中华文化的独特魅力。在 5 000多年的文明发展进程中，中华民族创造了璀璨的中华优秀传统文化。国家文化软实力的提升有利于中华民族中最基本的文化基因与现代文化相适应、与现代社会相协调，以符合人民需求的、具有可以调动积极性的

---

① 习近平，在纪念孔子诞辰 2565 周年国际学术研讨会暨国际儒学联合会第五届会员大会开幕会上的讲话 [N]. 人民日报，2014-9-25(2).

方式推广开来，把跨越国界、超越时空、具有独特魅力、富含新时代价值的文化精神弘扬起来，把继承传统优秀文化又弘扬时代精神、立足本国又面向世界的当代中国文化创新成果传播出去。

二、有助于培育和践行社会主义核心价值观

社会主义核心价值体系是兴国之魂，也是实现中华民族伟大复兴，提高国家文化软实力的灵魂。习近平总书记 2017 年 11 月 17 日在全国精神文明建设表彰大会上指出："人类社会发展的历史表明，对一个民族、一个国家来说，最持久、最深层的力量是全社会共同认可的核心价值观。"可以说，社会主义核心价值观是经过党和人民共同实践认可的价值观。在一定程度上，国家文化软实力的提高为实现中华民族伟大复兴的中国梦提供了重要前提，而实现中国梦的过程中有助于培育和践行社会主义核心价值观。

培育和践行社会主义核心价值观有利于坚定文化自信，举旗帜，固灵魂。社会主义核心价值观是文化自信的灵魂内核与价值旨归，它是建设文化强国、增强国家文化软实力的关键和核心。在促进社会主义文化繁荣发展、建设文化强国的过程中，坚持社会主义核心价值观就能充分展现中国的文化自信，就能夯实走向文化强国的价值观基础。文化自信是承载国家与民族价值共识的精神依托，核心价值观的培育与成就文化上的自信以及建成文化强国有着内在的紧密关联。没有核心价值观，就等于没有国之魂魄、民族之魂魄。正如习近平总书记 2014 年 5 月 4 日在北京大学师生座谈会上指出的："我们生而为中国人，最根本的是我们有中国人的独特精神世界，有百姓日用而不觉的价值观。"

培育和践行社会主义核心价值观有利于增强民族凝聚力。一个国家的文化得到人民的认同，能将人民的力量凝聚起来，就是通过人民对核心价值观的认同来实现的。核心价值观宛若一条精神纽带，将国家、社

会、人民连接起来，如果没有这条精神纽带的维系，也就无法将社会上的各种力量凝结、整合，国家也就宛如一盘散沙。在建设文化强国的今天，实现中华民族伟大复兴有助于社会主义核心价值观在凝聚全党和全国人民的巨大精神力量上，为增强国家文化软实力提供"精气神"。

培育和践行社会主义核心价值观有利于塑造良好的社会风尚，提高人民素质。社会主义核心价值观有助于人民群众确立共同理想，为增强文化软实力提供"主心骨"。社会主义核心价值观强调的"富强、民主、文明、和谐"，体现了我国发展中国特色社会主义的宏伟目标和价值追求。中国特色社会主义"五位一体"建设的目标就是要达到经济上越来越富强，政治上越来越民主，文化上越来越文明，社会和生态上越来越和谐。这个价值目标代表了全体中国人民的共同理想，也代表了当代中华民族的共同价值追求。有了这个共同理想和价值追求，整个社会就可以围绕这一"主心骨"去建设先进文化、增强文化软实力。

三、有助于文化事业和文化产业繁荣发展

中共十九届五中全会提出要繁荣发展文化事业和文化产业，提高国家文化软实力。"十四五"时期文化产业新发展，对推进社会主义文化强国建设具有重要的作用，不仅可以提升我国文化软实力，推进中华民族伟大复兴的中国梦的顺利实现，还促进了文化产品和服务的有效供给，有利于满足人民美好精神文化生活需要，不断提升人民群众的获得感和幸福感。随着我国文化软实力的提升，文化产业与文化事业的发展成为我国实现中华民族伟大复兴的中国梦的重要助推力。越是实现中华民族伟大复兴的中国梦就越要重视文化建设，就越离不开文化产业与文化事业的发展。

文化事业和文化产业的繁荣发展有利于深化文化体制改革。首先，秉持文化事业和文化产业两手抓的理念，即以满足人民群众日益增长的

文化需求为前提，注重文化产品的质量与水平，同时尊重文化的发展规律，深化文化供给侧改革，促进文化事业与文化产业在文化强国建设中发挥坚不可摧的作用。其次，文化事业与文化产业的发展有利于激发全民族的文化创造活力，充分发挥政府主导作用和市场积极作用。政府主导作用体现在发展文化事业、提供现代公共文化服务上。市场积极作用主要体现为发展文化产业，引进资源资本，实施文化品牌国际化战略，打造具有国际影响力的文化航母，促进国家文化软实力的提升。最后，把握好一元主导和多元发展、经济效益和社会效益、意识形态与非意识形态之间的辩证关系，以正确的政治方向为引领，把中国特色社会主义的先进文化贯穿文化产业发展的全过程，使其从形式到内容充分体现社会主义的本质属性，真正为实现中华民族伟大复兴的中国梦添砖加瓦。

文化事业和文化产业的繁荣发展有利于增强文化软实力。当今世界，国家之间的竞争不仅是经济的较量，更是文化软实力的比拼。文化事业的发展进一步强化了社会与政府的联系，有效助推了公益文化事业的发展，丰富了人民群众的精神生活。文化产业的发展则增强了文化的传播力，提升了文化的影响力，如通过文化"走出去"将文化传播到世界各地，有助于中国的国际形象与地位的提升；从市场角度设计文化产品，满足消费者的文化需求，为传承民族精神文化提供市场载体，以新时代的民族精神助推民族伟大复兴。毫不夸张地说，文化事业和文化产业的繁荣发展使我国的文化影响力对内、对外都有了一个质的提升，有效提升了我国的文化软实力。

第三节　天下大同：构建人类命运共同体的中国智慧

新时代，中国秉持"美美与共"的理念，以中国智慧构建人类命运共同体，不断推进世界的和谐与繁荣发展。人类命运共同体具有维护人类利益的世界视野，充分关注现代个人的生存境遇，强调各种文化的和而不同、兼收并蓄，维护文化的多样性。人类命运共同体是一种承认差异、承认文化对话的力量关系，为构建和谐世界提供了有力的文化支撑。

一、文化多元化为构建人类命运共同体夯实基础

一个国家或民族的文化在形成与发展的过程中，由于生产力发展水平的变化而产生了多样的文化，因而文化具有多样性。当前世界形成了多极化格局，不同国家、民族的文化存在差异性，因而在发展中求同存异就变成了当今的文化发展主流。正如习近平总书记 2019 年 5 月 15 日在亚洲文明对话大会开幕式上指出的："文明因多样而交流，因交流而互鉴，因互鉴而发展。我们要加强世界上不同国家、不同民族、不同文化的交流互鉴，夯实共建亚洲命运共同体、人类命运共同体的基础。"人类命运共同体传达的理念、价值观是科学的、正确的，以人类命运共同体具有的影响力、渗透力和引导力，能够使人们从文化自觉过渡到文化自信，激励人们的文化自强。而这种影响力、渗透力来自其蕴含的人们能体验到的核心价值，对人类命运共同体的认同将会带来文化的向前发展。人类命运共同体在充分维护国家和民族主权的基础上，践行着和平、发展、公平、正义、民主、自由的全人类的共同价值观，符合其他国家与民族的文化与主权。

人类命运共同体尊重异族文化，充分关照文化间性，以承认差异，

尊重他国、他族的文化为前提，以文化对话、文化合作为根本，将人与世界、国家与国家、民族与民族间的所谓"主次""主客"关系转变为平等、互惠的关系。人类命运共同体的理念与实践不是站在非黑即白的二分立场去处理不同国家、民族之间的交往，而是充分关照、尊重、认可各个国家或民族的文化的主体价值。

人类命运共同体的跨文化认同是以对不同民族、国家文化的理解和相互增进为基础建立起来的。在这一基础上，人类命运共同体在当今世界展开了文化实践，实现了不同国家、民族的文化承认、文化交流与互动，增加了在更高层次上实现和解的可能性。人类命运共同体反对任何形式的文化霸权、文化中心主义，倡导多元文化并存，并提出了不同文化交流与互动的原则，即促进和而不同、兼收并蓄的文明交流。

总之，人类命运共同体尊重文化的多元性与开放性，倡导不同文化的对话与交流，有效解决了范式硬化导致的"文明冲突"。

二、文化认同为增强国家、民族的凝聚力提供保障

"文化认同是一种身份的构建和归属，反映了一种共同体意识，是一个国家、民族得以存在和发展的基础，也是一个国家、民族富有凝聚力的保障。增强文化认同是提升国家竞争力、增强软实力不可缺少的。"[①]可以说，文化认同的基础是民族认同、国家认同的，也是发自人民内心的最深层次的表达。在经济全球化的背景之下，作为民族的认同和国家的认同的基础，文化认同、价值认同等的作用愈加重要，也成为各个国家文化软实力竞争中最重要的"软实力"。

文化认同是一个国家或民族整合的基础。对于任何一个国家而言，文化认同都是最根本、最深层次的认同，是一种身份的构建和归属，反

---

① 卫灵.增强中华文化认同缘何重要[J].人民论坛，2019(7)：130-132.

映了民族共同体对自己身份识别和情感依托的集体意识。在中华民族的文化认同中，人们无论身处何处，都会有一种休戚与共的情怀，会为民族的繁荣昌盛、国家的兴旺发达而欢呼雀跃，而当国家或民族深陷危难中，人们也会积极贡献自己的力量。可见，文化认同是增强中华民族凝聚力的重要思想基础。

文化认同是建设社会主义现代化强国的根基和关键。中国是人口大国，有着56个民族。对于这样一个"大家庭"而言，只有增强文化认同与归属，才能进一步为人类命运共同体的构建做出贡献。由此可见，文化认同是民族团结之根、国家稳定之魂。实现中华民族伟大复兴的中国梦，在很大程度上有赖于中华民族共同体意识的培育，以及对中华文化的高度认同。

三、文化理念为构建和谐世界提供支撑

当今世界的政治格局正在发生着剧烈的变化，构建人类命运共同体已是大势所趋。中华文化中不仅蕴含着构建人类命运共同体的丰富的文化理念，也积累了构建人类命运共同体的宝贵经验。随着国际影响力的不断提升，中国将肩负起更多的大国担当与使命，必将为人类的共同发展和进步做出更大贡献。我国国家形象的塑造应重点展示中国历史底蕴深厚、各民族多元一体、文化多样和谐的文明大国形象，政治清明、经济发展、文化繁荣、社会稳定、人民团结、山河秀美的东方大国形象，坚持和平发展、促进共同发展、维护国际公平正义、为人类做出贡献的负责任大国形象，对外更加开放、更加具有亲和力、充满希望、充满活力的社会主义大国形象。

"和合"的文化理念使得中华文化具有超强的包容性。中华文化中的"和合"思想早在远古时期就已经出现。《尚书·尧典》中有云："克明俊德，以亲九族；九族既睦，平章百姓；百姓昭明，协和万邦。"这种"和

合"的文化理念具有可操作性，由身边的亲族向外依次拓展到不同族群之间的和谐相处，"和合"由此成为中华文化的核心价值理念之一。春秋时期，孔子主张人与人之间、国与国之间和而不同，并把"和合"思想提升为君王治国的最高境界。汉代董仲舒系统地提出了"天人之际，合而为一"(《春秋繁露》)的哲学理念，使得"和合"思想走向意识形态层面。自此，"和合"思想作为中华传统文化特有的文化理念一直延续至今。"和合"思想倡导以和为贵，这对于打破国家、民族之间的文化隔阂，构建以不同文明相互尊重、平等交流、相互借鉴为基础的人类命运共同体，实现太平盛世的美好愿景而言是不可或缺的。所以，构建人类命运共同体，必须要有中华文化的"和合"思想作为文化支撑。

多元一体的文化构成更利于与其他文化的融合。中华民族的多元一体在很大程度上源于中国多元一体的文化格局。各民族尽管文化各有不同，但同属于中华民族，并且是中华民族不可或缺的有机组成部分，都在"普天之下"的范围之中。在中华民族多元一体的文化格局中，不同文化之间可以相互交流、相互认同、相互包容、相互借鉴，各国家、各民族可以共享中华的文明成果。鉴于此，新时代做好民族团结统战工作的着力点主要包含以下几点。首先，筑牢共同体意识。这就要求我们在基本的文化认同基础上，不断增进各民族之间的信任，强化对中华民族历史、民族情感及发展路径的认知，坚持"一体"的统领地位不动摇，增强"五个认同"，牢固树立荣辱与共、同呼吸共命运的共同体意识。其次，强化交流协同创新。"一体"是前提，而"多元"是基础；做好民族团结工作，就是要在坚持共同体的前提下，尊重历史、尊重个性，不断鼓励民族文化交流，通过协同创新，唤起文化自觉，坚定文化自信。最后，加强新时代民族与文化理论和政策研究。坚持以社会主义核心价值观为统领，切实贯彻和落实党的民族宗教政策，全面提升民族问题的治理能力与治理体系现代化建设水平，就是要重视对中华民族的构成机理、形成机制及运行秩序的研究；重视从文化模式、文化生态与文化系统的角度，加强理论阐释与辨析，通过必要的协同性研究，进一步厘清文化与民族的内在关联。[①]正是这种文化基因才会使得强盛起来的中国勇于承担大国的责任与担当，才可能以多元体的文化理念来调和各文明之间的隔阂和对立，最终实现人类命运共同体的构建。

总之，在世界格局发生转变时，也在中国处于百年未有之大变局之时，人类命运共同体的提出带有中国智慧，以中国的文化方式为世界的和谐发展提供了中国方案。人类命运共同体以合作共赢为核心，在政治、经济、安全、文化、生态等方面都贡献了中国智慧，从根本上为解决全球性问题、实现人类共同合作、谋求和谐发展提供了新思路。而中华文化的内涵与精神可为当今和谐世界的构建提供理论与实践的文化支撑，有效助推人类命运共同体的构建。

---

① 杜刚. 文化协同视域下中华民族多元一体格局探析 [J]. 社会科学家，2021(8)：136-140.

参考文献

[1] LIEP J. *Locating cultural creativity*[M]. London: Pluto Press,2001.

[2] HALLAM E, INGOLD T. *Creativity and cultural improvisation*[M]. Oxford: Berg Publishers, 2007.

[3] O' REILLY B. *Culture warrior* [M]. New York: Broadway Books Press, 2006.

[4] 中共中央编译局 . 1844 年经济学哲学手稿 [M]. 北京：人民出版社，2000.

[5] 习近平 . 习近平谈治国理政：第 1 卷 [M]. 北京：外文出版社，2014.

[6] 习近平 . 习近平谈治国理政：第 2 卷 [M]. 北京：外文出版社，2017.

[7] 习近平 . 习近平谈治国理政：第 3 卷 [M]. 北京：外文出版社，2020.

[8] 马尔库塞 . 单向度的人 [M]. 刘继，译 . 上海：上海译文出版社，2014.

[9] 罗西瑙 . 没有政府统治的治理 [M]. 张胜军，刘小林，译 . 南昌：江西人民出版社，2001.

[10] 雅斯贝斯．历史的起源与目标 [M]．魏楚雄，俞新天，译．北京：华夏出版社，1989.

[11] 雅斯贝尔斯．当代的精神处境 [M]．黄藿，译．上海：生活·读书·新知三联书店，1992.

[12] 霍克海默，阿多尔诺．启蒙辩证法 [M]．洪佩郁，蔺月峰，译．重庆：重庆出版社，1990.

[13] 阿多尔诺．否定的辩证法 [M]．张峰，译．重庆：重庆出版社，1993.

[14] 李凯尔特．文化科学和自然科学 [M]．涂纪亮，译．上海：商务印书馆，1986.

[15] 兰德曼．哲学人类学 [M]．阎嘉，译．贵州：贵州人民出版社，1988.

[16] 斯宾格勒．西方的没落 [M]．吴琼，译．上海：上海三联书店，2014.

[17] 黑格尔．历史哲学 [M]．王造时，译．上海：上海书店出版社，2006.

[18] 贡恰连科．精神文化：进步的源泉和动力 [M]．戴世吉，张鼎芬，王文郁，等译．北京：求实出版社，1988.

[19] 凯勒．文化的本质与历程 [M]．陈文江，吴骏远，译．杭州：浙江人民出版社，1989.

[20] 威廉斯．文化与社会 [M]．吴松江，张文定，译．北京：北京大学出版社，1991.

[21] 怀特．文化科学：人和文明的研究 [M]．曹锦清，译．杭州：浙江人民出版社，1988.

[22] 贝尔．资本主义文化矛盾 [M]．赵一凡，蒲隆，任晓晋，译．上海：生活·读书·新知三联书店，1989.

[23] 希尔斯.论传统 [M].傅铿，吕乐，译.上海：上海人民出版社，
      1991.

[24] 拉兹洛.系统哲学讲演集 [M].闵家胤，译.北京：中国社会科学
      出版社，1991.

[25] 詹明信.晚期资本主义的文化逻辑[M].陈清侨，译.上海：生活·读
      书·新知三联书店，1997.

[26] 亨廷顿.文明的冲突与世界秩序的重建 [M].周琪，刘绯，张立平，
      译.北京：新华出版社，1998.

[27] 亨廷顿，哈里森.文化的重要作用：价值观如何影响人类进步 [M].
      程克雄，译.北京：新华出版社，2002.

[28] 马古利斯，萨根.倾斜的真理：论盖娅、共生和进化 [M].李建会，
      译.南昌：江西教育出版社，1999.

[29] 格尔茨.文化的解释 [M].韩莉，译.南京：译林出版社，1999.

[30] 萨义德.文化与帝国主义 [M].李琨，译.上海：生活·读书·新
      知三联书店，2003.

[31] 威斯勒.人与文化 [M].钱岗南，傅志强，译.上海：商务印书馆，
      2004.

[32] 本尼迪克特.文化模式 [M].王炜，译.上海：生活·读书·新知
      三联书店，1988.

[33] 本尼迪克特.菊与刀 [M].何晴，译.杭州：浙江文艺出版社，
      2016.

[34] 雅各布斯.集体失忆的黑暗年代 [M].姚大钧，译.北京：中信出
      版社，2007.

[35] 马林诺斯基.科学的文化理论 [M].黄建波，译.北京：中央民族
      大学出版社，1999.

[36] 马凌诺斯基. 文化论 [M]. 费孝通，译. 北京：华夏出版社，2002.

[37] 汤林森. 文化帝国主义 [M]. 冯建三，译. 上海：上海人民出版社，1999.

[38] 汤姆林森. 全球化与文化 [M]. 郭英剑，译. 南京：南京大学出版社，2002.

[39] 阿德诺. 文化与无政府状态 [M]. 韩敏中，译. 上海：生活·读书·新知三联书店，2008.

[40] 伊格尔顿. 文化的观念 [M]. 方杰，译. 南京：南京大学出版社，2006.

[41] 孔多塞. 人类精神进步史表纲要 [M]. 何兆武，何冰，译. 上海：生活·读书·新知三联书店，1998.

[42] 柏格森. 创造进化论 [M]. 肖聿，译. 北京：华夏出版社，2000.

[43] 埃尔. 文化概念 [M]. 康新文，晓文，译. 上海：上海人民出版社，1988.

[44] 费斯克. 理解大众文化 [M]. 王晓珏，宋伟杰，译. 北京：中央编译出版社，2001.

[45] 联合国教科文组织. 世界文化报告（2000）：文化的多样性、冲突与多元共存 [M]. 关世杰，译. 北京：北京大学出版社，2002.

[46] 联合国教科文组织. 文化多样性与人类全面发展 [M]. 张玉国，译. 广州：广东人民出版社，2006.

[47] 梁漱溟. 东西方文化及其哲学 [M]. 北京：商务印书馆，1987.

[48] 梁漱溟. 中国文化要义 [M]. 上海：上海人民出版社，2005.

[49] 贺麟. 文化与人生 [M]. 北京：商务印书馆，2015.

[50] 张岱年. 文化与哲学 [M]. 北京：中国人民大学出版社，2006.

[51] 张岱年，程宜山. 中国文化与文化争论 [M]. 北京：中国人民大学出版社，1990.

[52] 覃光广，冯利，陈朴．文化学辞典 [M]．北京：中央民族大学出版社，1988.

[53] 冯天瑜．文化守望 [M]．武汉：武汉大学出版社，2006.

[54] 陈序经．文化学概观 [M]．北京：中国人民大学出版社，2005.

[55] 李燕．文化释义 [M]．北京：人民出版社，1996.

[56] 李鹏程．当代文化哲学沉思 [M]．北京：人民出版社，1994.

[57] 邹广文．人类文化的流变与整合 [M]．长春：吉林人民出版社，1998.

[58] 邹广文．当代文化哲学 [M]．北京：人民出版社，2007.

[59] 何萍．马克思主义哲学与文化哲学 [M]．武汉．武汉大学出版社，2002.

[60] 何萍．人类认识结构与文化 [M]．武汉：武汉出版社，1991.

[61] 郗正．马克思主义文化哲学 [M]．长春：吉林人民出版社，2007.

[62] 郗正．当代人与文化：人类自我意识与文化批判 [M]．长春：吉林教育出版社，1998.

[63] 司马云杰．文化社会学 [M]．济南：山东人民出版社，1990.

[64] 司马云杰．文化价值论：关于文化建构价值意识的学说 [M]．西安：陕西人民出版社，2003.

[65] 欧阳康．哲学研究方法论 [M]．武汉：武汉大学出版社，1998.

[66] 牛龙菲．人文进化学：一个元文化学的研究札记 [M]．兰州：甘肃科学技术出版社，1989.

[67] 李丽．扰动文化的逆流：对"反文化"现象的哲学考察 [M]．北京：中国社会科学出版社，2007.

[68] 李德顺．价值论 [M]．2 版．北京：中国人民大学出版社，2007.

[69] 黄力之．先进文化论 [M]．上海：上海三联书店，2002.

[70] 黄力之，张春美．马克思主义文化哲学与现代性 [M]．上海：上海三联书店，2006．

[71] 张瑞甫．社会最优化原理 [M]．北京：中国社会科学出版社，2000．

[72] 邱耕田．低代价发展论 [M]．北京：人民出版社，2006．

[73] 庄锡昌，顾晓鸣，顾云深，等．多维视野中的文化理论 [M]．杭州：浙江人民出版社，1987．

[74] 萧扬，胡志明．文化学导论 [M]．石家庄：河北教育出版社，1989．

[75] 许苏民．文化哲学 [M]．上海：上海人民出版社，1990．

[76] 杨善民，韩锋．文化哲学 [M]．济南：山东大学出版社，2002．

[77] 周晓阳，张多来．现代文化哲学 [M]．长沙：湖南大学出版社，2004．

[78] 许明，花建．文化发展论 [M] 北京：北京大学出版社，2005．

[79] 傅铿．文化：人类的镜子——西方文化理论导引 [M]．上海：上海人民出版社，1990．

[80] 赵常林，林娅．马克思主义文化学 [M]．北京：中国文化书院，1988．

[81] 魏波．环境危机与文化重建 [M]．北京：北京大学出版社，2007．

[82] 龚书铎．中国近代文化概论 [M]．北京：中华书局，2002．

[83] 苏国勋，张旅平，夏光．全球化：文化冲突与共生 [M]．北京：社会科学文献出版社，2006．

[84] 赵林．赵林谈文明冲突与文化演进 [M]．北京：东方出版社，2006．

[85] 尹继佐．当代文化论稿 [M]．上海：上海社会科学院出版社，2006．

[86] 王政挺．传播：文化与理解 [M]．北京：人民出版社，1998．

[87] 王凤才．批判与重建：法兰克福学派文明论 [M]．北京：社会科学文献出版社，2004．

[88] 李小娟．文化的反思与重建：跨世纪的文化哲学思考 [M].哈尔滨：
黑龙江人民出版社，2000.

[89] 武安隆．文化的抉择与发展：日本吸收外来文化史说 [M].天津：
天津人民出版社，1993.

[90] 周薇，田丰．广东建设文化大省的理论与战略 [M].广州：广东人
民出版社，2006.

[91] 田丰，肖海鹏，夏辉．文化竞争力研究 [M].北京：中国社会科学
出版社，2007.

[92] 王永昌．走向人的世界 [M].北京：中国工人出版社，1991.

[93] 魏宏森，曾国屏．系统论：系统科学哲学 [M].北京：清华大学出
版社，1995.

[94] 黄淑娉，龚佩华．文化人类学理伦方法研究 [M].广州：广东高等
教育出版社，2004.

[95] 王德军．中国现代化进程中的人与文化 [M].北京：人民出版社，
2007.

[96] 潘一禾．文化安全 [M].杭州：浙江大学出版社，2007.

[97] 杜刚．全球化视域下文化创造力研究 [M].北京：人民出版社，
2012.

[98] 胡键．中国文化软实力评估及增进方略研究 [M].天津：天津人民
出版社，2020.

[99] 张国祚．理论思维与文化软实力 [M].长沙：湖南大学出版社，
2016.

[100] 王一川．中国故事的文化软实力 [M].南京：江苏人民出版社，
2016.

[101] 魏榛．高等院校思想政治教育与文化软实力提升研究 [M].石家庄：
河北人民出版社，2018.

[102] 曾耀农 . 创建国家中心城市与提升文化软实力 [M]. 西安：西安交通大学出版社，2018.

[103] 贾磊磊 . 文化产业与文化软实力 [M]. 长沙：湖南大学出版社，2015.

[104] 王一川，刘涵之，卢亚明，等 . 文学艺术与文化软实力 [M]. 长沙：湖南大学出版社，2015.

[105] 熊春锦 . 东方治理学：中华民族文化软实力 [M]. 北京：中央编译出版社，2016.

[106] 张发钦，何月华，张秋莲 . 科学发展视阈下民族地区文化软实力建设研究 [M]. 南宁：广西人民出版社，2017.

[107] 周薇 . 提升珠三角文化软实力研究 [M]. 广州：广东人民出版社，2013.

[108] 李希光，顾小琛 . 舆论引导力与文化软实力 [M]. 长沙：湖南大学出版社，2013.

[109] 李慎明，杨晓萍 . 国际交往与文化软实力：兼论中国特色社会主义新文化战略 [M]. 长沙：湖南大学出版社，2016.

[110] 孙熙国 . 传统文化与文化软实力：以中国传统价值观中的新"六德"为例 [M]. 长沙：湖南大学出版社，2016.

[111] 孙云，曾德雄 . 广州文化软实力研究：第 1 辑 [M]. 广州：中山大学出版社，2010.

[112] 中共广东省委党校，广东行政学院 . 建设社会主义文化强国与广东实践 [M]. 广州：广东人民出版社，2018.

[113] 梁芷铭，周丹丹，唐林峰 . "文化强国"战略视域下中国文化产业发展研究 [M]. 北京：北京理工大学出版社，2019.

[114] 向云驹，王岳川 . 大国文化复兴：向云驹、王岳川文化强国对话录 [M]. 银川：宁夏人民教育出版社，2017.

[115] 薛晋文.影视艺术与文化强国战略研究 [M].北京：中国传媒大学出版社，2021.

[116] 中共甘肃省委宣传部宣传处.迈向文化强国：党的十七届六中全会和省委十一届十四次全委扩大会议精神宣传手册 [M].兰州：甘肃人民出版社，2011.

[117] 管宁.文化强国：理念、经验与构想 [M].镇江：江苏大学出版社，2018.

[118] 周和平.文化强国战略 [M].北京：学习出版社，2013.

[119] 范英，夏俊杰，刘小敏，等.文化强国论 [M].广州：广东高等教育出版社，2013.

[120] 孙敬华，胡小伟.中华传统文化读本 [M].重庆：重庆大学出版社，2020.

[121] 张宏.中国传统文化概论 [M].北京：北京理工大学出版社，2019.

[122] 袁荣高，张波，欧鎏.中国传统文化教育 [M].成都：电子科技大学出版社，2019.

[123] 朱东安.晚清政治与传统文化 [M].沈阳：辽宁人民出版社，2019.

[124] 刘少虎，彭明福，余杨.中国传统文化概论 [M].成都：电子科技大学出版社，2019.

[125] 王霁.中华传统文化导读 [M].北京：中国人民大学出版社，2020.

[126] 何艳萍.传统文化润童心 [M].北京：北京理工大学出版社，2019.

[127] 于俏.文明互鉴视域下中西美学的比较研究 [M].沈阳：辽宁大学出版社，2019.

[128] 李尚全."一带一路"文明互鉴论坛集刊：第 1 辑 [M].兰州：甘肃人民出版社，2017.

[129] 当代中国与世界研究院，法国桥智库.文明交流与互鉴：构建人类命运共同体 [M].北京：朝华出版社，2020.

[130] 侯富儒."一带一路"世界文化遗产与文明交流互鉴 [M]. 杭州：浙江工商大学出版社，2017.

[131] 上海图书馆. 文明互鉴 [M]. 上海：上海人民出版社，2020.

[132] 滕文生. 文明互鉴论 [M]. 北京：人民出版社，2019.

[133] 王其钧. 中外 5000 年文明互鉴 [M]. 北京：中国画报出版社，2020.

[134] 安乐哲，李文娟. 文明互鉴境域中的夏威夷儒学：安乐哲教授访谈录 [M]. 北京：中国社会科学出版社，2020.

[135] 中共广东省委党校，广东行政学院. 建设社会主义文化强国与广东实践 [M]. 广州：广东人民出版社，2018.

[136] 张有生，高虎，杨晶，等. 社会主义现代化强国的能源绿色转型之路 [M]. 北京：中国经济出版社，2018.

[137] 洪晓楠，蔡后奇. 社会主义文化强国建设研究：基于从文化自觉、文化自信到文化强国的理路 [M]. 北京：科学出版社，2021.

[138] 张江. 建设新时代社会主义文化强国 [M]. 北京：中国社会科学出版社，2019.

[139] 王世福，邓昭华，易智康. 人文广州：社会主义文化强国的城市范例 [M]. 广州：广东人民出版社，2021.

[140] 习近平. 坚定文化自信，建设社会主义文化强国 [J]. 实践（思想理论版），2019（7）：5–8.

[141] 王沪宁. 作为国家实力的文化：软权力 [J]. 复旦学报（社会科学版），1993（3）：91–96，75.

[142] 童世骏. 提高国家文化软实力：内涵、背景和任务 [J]. 毛泽东邓小平理论研究，2008（4）：1–8，84.

[143] 胡惠林. 国家文化治理：发展文化产业的新维度 [J]. 学术月刊，2012，44（5）：28–32.

[144] 骆郁廷.文化软实力：基于中国实践的话语创新[J].中国社会科学，
2013（1）：20-24.

[145] 洪晓楠，邱金英，林丹.国家文化软实力的构成要素与提升战略[J].
江海学刊，2013（1）：202-207.

[146] 祁述裕.国家文化治理建设的三大核心任务[J].探索与争鸣，
2014（5）：7-9.

[147] 胡惠林.文化治理中国：当代中国文化政策的空间[J].上海文化，
2015（2）：5-13，125.

[148] 张国祚.当前我国文化软实力建设研究需关注的几个问题[J].红
旗文稿，2016（24）：24-25.

[149] 赖雄麟，陈连军.文化治理现代化的四重维度研究[J].行政论坛，
2018，25（6）：130-135.

[150] 杜刚，邢巨娟.对信仰重建的哲学思考[J].理论探索，2006（5）：
21-22，44.

[151] 杜刚，邢巨娟.树立正确荣辱观 构建和谐校园文化[J].中共山西
省委党校学报，2006（3）：62-64.

[152] 杜刚，邢巨娟.复杂性系统下的当今中国人才激励问题的思考[J].
生产力研究，2011（6）：18-19，34.

[153] 杜刚，坚喜斌，陈玲.复杂性系统下的人才激励[J].山西财经大
学学报（高等教育版），2010（2）：80-84.

[154] 杜刚.马克思"感性活动"理论的现象学解读[J].云南社会科学，
2011（2）：126-128.

[155] 杜刚，邢巨娟.当前我国中青年人才创造力问题的文化哲学思考
[J].理论界.2011（5）：74-76.

[156] 杜刚，王云鹏.从康德到马克思物质观的逻辑演进：马克思主义
对康德物自体的扬弃[J].理论界，2012（5）：74-76.

[157] 杜刚，邢巨娟.文化创造力：当今中国文化变革与发展的重要依据[J].中央社会主义学院学报，2012（2）：103-105.

[158] 杜刚，邢巨娟.提升人才创造力与解放人才的战略性思考[J].前沿，2012（5）：19-21.

[159] 杜刚，邢巨娟.基于文化创造力之上的文化创新机制的建构[J].理论界，2012（6）：131-133.

[160] 杜刚.浅谈文化创造力与文化创新机制[J].黑龙江社会科学，2012（1）：30-34.

[161] 杜刚，邢巨娟.文化：人类特有的存在方式[J].长江大学学报（社会科学版），2012，35（2）：160-161，7.

[162] 杜刚，王一璇.新时代创新驱动发展战略视域下人才创造力问题研究[J].中北大学学报（社会科学版），2020，36（1）：82-87.

[163] 杜刚.文化协同视域下中华民族多元一体格局探析[J].社会科学家，2021（8）：136-140.

[164] 杜刚，苏敏.文化治理视域下山西文化软实力提升路径研究[J].中北大学学报（社会科学版），2021，37（5）：55-59.

[165] 傅才武，何璇.四十年来中国文化体制改革的历史进程与理论反思[J].山东大学学报（哲学社会科学版），2019（2）：43-56.

[166] 杨雄.将文化体制改革引向深入[J].人民论坛，2019（2）：14-18.

[167] 高宏存.改革开放40年文化体制改革的主要成就与趋势展望[J].行政管理改革，2018（12）：55-62.

[168] 刘仓.改革开放以来文化体制改革的四条经验[J].求索，2018（4）：26-34.

[169] 王冬梅.论黑龙江文化体制改革[J].学术交流，2017（12）：144-148.

[170] 靳亮，陈世香.横向自发与纵向推动：我国政策扩散的双重逻辑——以地方文化体制改革为例[J].广西社会科学，2017（11）：124-129.

[171] 曹光章.新一届党中央推进文化体制改革的新发展[J].毛泽东邓小平理论研究，2017（9）：94-100，108.

[172] 赖雄麟，陈连军.文化治理现代化的四重维度研究[J].行政论坛，2018（6）：130-135.

[173] 郝儒杰.从葛兰西文化领导权理论看中国共产党文化治理能力[J].云南行政学院学报，2018（6）：80-87.

[174] 张媛媛，孙丽.如何做好社区文化建设[J].人民论坛，2018（31）：138-139.

[175] 潘雁.文化治理，关键在"治"[J].人民论坛，2018（30）：136-137.

[176] 张君弟.系统建构、功能耦合与国家治理体系优化：一个复杂性框架[J].学术研究，2018（9）：61-65.

[177] 张惠梅.社区文化发展委员会：基层文化治理新机制[J].图书馆论坛，2018（9）：25-26.

[178] 翟小会.需求管理、文化治理与基层公共文化服务体制创新[J].学习论坛，2018（5）：78-83.

[179] 胡惠林，祁述裕，郭嘉，等."国家治理与文化治理能力建设"研究笔谈[J].浙江工商大学学报，2018（2）：109-121.

[180] 谭志云.新时代话语下的社区文化多元主体共治路径：《大都市社区协同治理视域下的公共文化服务》的新思维新战略[J].艺术百家，2018（2）：245-246.

[181] 吴武英.文化治理视角下新时代文化建设的路径[J].广西社会科学，2018（2）：196-198.

[182] 叶敏，曹芳．农村民间文化组织与乡村治理：基于湖南省桃源县九溪乡农民文化艺术协会的个案分析 [J]．湖南行政学院学报，2015（4）：116-121.

[183] 李洁馨．实现我国文化治理能力现代化的路径探索 [J]．管理观察，2015（18）：21-22，25.

[184] 陈怀平，吴绒，刘吉发．权力边界与职责担当：文化治理的"三元"主体格局建构——基于协商民主的视角 [J]．社会主义研究，2015（3）：89-94.

[185] 廖胜华．文化治理分析的政策视角 [J]．学术研究，2015（5）：39-43.

[186] 周笑梅，高景．公共文化服务视阈下的国家文化治理转型 [J]．社会科学战线，2015（5）：183-189.

[187] 曹凌燕．借助文化软实力推进社会治理现代化的探索与思考 [J]．科学社会主义，2015（2）：84-88.

[188] 毛少莹．文化治理及其国际经验 [J]．中国文化产业评论，2014（2）：71-99.

[189] 李世敏，吴理财．社区治理的文化转向：一种新的理论视角 [J]．理论与改革，2015（1）：119-122.

[190] 赵志浩．国家文化治理现代化与"中国特色" [J]．渭南师范学院学报，2015（1）：44-47.

[191] 王振亚．从文化管理到文化治理：文化领域政府治理现代化的逻辑归宿 [J]．长安大学学报（社会科学版），2014（4）：55-58.

[192] 周伟．跨域公共问题协同治理：理论预期、实践难题与路径选择 [J]．甘肃社会科学，2015（2）：171-174.

[193] 胡惠林．在文化发展的实践中推进文化理论的创造性发展 [J]．中国编辑，2015（2）：33-37.

[194] 张鸿雁."文化治理模式"的理论与实践创新：建构全面深化改革的"文化自觉"与"文化自为"[J].社会科学，2015（3）：3-10.

[195] 张鸿雁.核心价值文化认同的建构与文化治理：深化改革文化治理创新的模式与入径[J].南京社会科学，2015（1）：76-82，106.

[196] 王京生.文化治理与文化权利[J].教育文化论坛，2014（6）：135.

[197] 俞可平.没有法治就没有善治：浅谈法治与国家治理现代化[J].马克思主义与现实，2014（6）：1-2.

[198] 李林.依法治国与推进国家治理现代化[J].法学研究，2017（0）：9-29.

[199] 陈福今.切实转变政府职能　提升文化治理能力[J].行政管理改革，2014（9）：16-20.

[200] 徐一超."文化治理"：文化研究的"新"视域[J].文化艺术研究，2014（3）：33-41.

[201] 董江爱.我国国家文化安全中的边疆文化治理研究[J].探索，2016（4）：63-69.

[202] 王蔚.文化治理不是治理文化：与竹立家教授商榷[J].探索与争鸣，2014（8）：42-45.

[203] 徐一超.聚焦"文化治理"：问题史、理路与实践[J].中国文化产业评论，2014（1）：137-149.

[204] 江畅.西方近现代主流价值文化构建的启示[J].人民论坛·学术前沿，2012（14）：42-51.

[205] 王莹.关于精神文化产品的哲学思考[J].学术探索，2012（8）：58-61.

[206] 岳文典. 美国文化战略运行机制初探 [J]. 成都行政学院学报，2012（3）：68-71.

[207] 赵晓娜. 文化本质初探：基于唯物史观的视角 [J]. 黑龙江史志，2012（10）：59-60.

[208] 胡惠林. 国家文化治理：发展文化产业的新维度 [J]. 学术月刊，2012（5）：28-32.

[209] 陆自荣，徐凤仙. 习性与秩序：王阳明南赣社区治理模式及意义 [J]. 中共浙江省委党校学报，2012（3）：24-30.

[210] 魏波，孙颖. 在治理创新与文化发展的互动中培育社会认同 [J]. 中国特色社会主义研究，2012（1）：73-78.

[211] 沈壮海. 文化强国建设的中国逻辑 [J]. 文化软实力研究，2017（2）：5-13，2.

[212] 黄意武. 文化软实力的构成要素与路径找寻 [J]. 重庆社会科学，2016（10）：81-87.

[213] 夏文斌，王晨. 提升文化软实力的战略路径：学习习近平总书记关于文化软实力建设的重要论述 [J]. 中国特色社会主义研究，2016（5）：64-67.

[214] 席珍彦. 新时期中国文化软实力建设的路径探讨 [J]. 四川大学学报（哲学社会科学版），2016（2）：76-83.

[215] 刘学斌. 认同塑造与承认获取：核心价值观与中国文化软实力建设 [J]. 理论导刊，2016（3）：88-91，103.

[216] 张国祚. 中国文化软实力建设必须回答的几个重要问题 [J]. 科学社会主义，2015（5）：7-10.

[217] 莫凡，李惠斌. 当代中国价值观念对外话语体系建构与传播研究 [J]. 中国特色社会主义研究，2014（6）：83-87.

[218] 黄建洪，施雪华.论公共理性精神 [J].山西大学学报（哲学社会科学版），2011（5）：68–72.

[219] 栾贻信，沈传河.从现代经济社会的精神文化特性看精神文化是经济社会发展的支撑 [J].山东理工大学学报（社会科学版），2011（4）：30–34.

[220] 陈会雄.浅谈企业文化建设的四个层次 [J].中国农业银行武汉培训学院学报，2011（3）：54–55.

[221] 魏欣羽.内涵·逻辑·特点·旨趣：习近平传统文化观四维探析 [J].石河子大学学报（哲学社会科学版），2019（1）：17–22.

[222] 傅才武，申念衢.当代中国文化政策研究中的十大前沿问题 [J].华中师范大学学报（人文社会科学版），2019（1）：66–77.

[223] 叶淑兰.中国文化软实力评估：基于对上海外国留学生的调查 [J].社会科学，2019（1）：14–25.

[224] 程惠哲.文化自信的底色与本色 [J].人民论坛，2018（36）：130–132.

[225] 骆郁廷.铸魂育人：新时代文化软实力发展战略 [J].文化软实力研究，2018（6）：33–41.

[226] 石沁禾.文化软实力发展与社会主义核心价值观培育 [J].南京社会科学，2018（11）：123–128.

[227] 吴玉军，刘娟娟.总体国家安全观视域下的文化认同问题 [J].中国特色社会主义研究，2018（5）：47–54.

[228] 徐强.美国网络文化软实力建设实践与启示研究 [J].文化软实力，2018（3）：90–96.

[229] 黄传球.新加坡"共同价值观"培育探赜 [J].山东青年政治学院学报，2018（5）：63–68.

[230] 戴木才. 论坚定社会主义核心价值观自信 [J]. 马克思主义研究，2018（8）：72-80，160.

[231] 魏鹏举，戴俊骋，魏西笑. 中国文化贸易的结构、问题与建议 [J]. 山东社会科学，2017（10）：55-60.

[232] 黄意武. 文化软实力的构成要素与路径找寻 [J]. 重庆社会科学，2016（10）：81-87.

[233] 方兰欣. 中国国际话语权提升的制约因素、战略机遇与核心路径[J]. 学术探索，2016（9）：18-24.

[234] 颜晓峰，赵坤. 弘扬中华优秀传统文化　增强国家文化软实力 [J]. 文化软实力，2016（2）：46-51.

[235] 席珍彦. 新时期中国文化软实力建设的路径探讨 [J]. 四川大学学报（哲学社会科学版），2016（2）：76-83.

[236] 樊瑞科，李彩华. 论提高国家文化软实力的若干基本问题 [J]. 中国青年政治学院学报，2013（3）：115-119.

[237] 周琪. 全球化境遇下中国文化软实力建设的路径选择 [J]. 哲学研究，2012（6）：121-123.

[238] 刘晓丽，孙爱芹. 从中国传统文化的弘扬看中国文化软实力的提升 [J]. 当代世界与社会主义，2012（3）：27-30.

[239] 周向军，高奇. 社会主义核心价值体系是当代中国第一软实力 [J]. 理论学刊，2012（5）：91-96，128.

[240] 张世洲. 提升中国文化软实力的四个维度 [J]. 人民论坛，2018（16）：234-235.

[241] 郭锐，王彩霞. 推动构建人类命运共同体的中国担当 [J]. 中国特色社会主义研究，2017（5）：49-57.

[242] 刘志玲. 试论中华民族共同体意识的培育 [J]. 广西科技师范学院学报，2017（4）：83-87.

[243] 戴木才.对社会主义核心价值观几个基础理论问题的思考[J].马克思主义与现实，2017（4）：174-180.

[244] 徐志远，张灵.文化软实力与社会主义核心价值观[J].马克思主义研究，2017（11）：67-73.

[245] 许德金，焦晶.何为文化软实力？[J].首都师范大学学报（社会科学版），2017（5）：75-83.

[246] 程仕波，谢守成.论习近平文化思想的四个特点[J].社会主义研究，2017（3）：18-25.

[247] 张勇，胡福明.文化自信是制度自信和国家竞争实力的基础[J].红旗文稿，2017（4）：4-7.

[248] 李德顺.文化是什么？[J].文化软实力研究，2016（4）：11-18.

[249] 于成文.中华民族"站起来""富起来""强起来"三次伟大飞跃的研究进展[J].当代世界与社会主义，2019（1）：194-201.

[250] 文大稷.信仰信念信心至关重要[J].思想教育研究，2019（1）：30-32.

[251] 仇美荣.习近平新时代中国特色社会主义思想的哲学意蕴[J].南京航空航天大学学报（社会科学版），2019（1）：18-22.

[252] 常荔，陈敏.新时代文化改革发展的主要问题与建议[J].理论月刊，2019（1）：85-90.

[253] 张谨."四个伟大"的文化意蕴[J].长白学刊，2019（1）：23-30.

[254] 储著武，边钰.改革开放40年意识形态工作的历程与经验[J].毛泽东邓小平理论研究，2018（12）：40-45，104.

[255] 林建华.我国意识形态安全的新时代意蕴和旨归[J].当代世界与社会主义，2018（6）：18-23.

[256] 杨守明，杨鸿柳.论习近平新时代观的内涵、依据和价值[J].中国特色社会主义研究，2018（6）：13–19.

[257] 左凤荣.习近平外交新理念提升中国国际话语权[J].中共中央党校学报，2018（6）：5–12.

[258] 魏长领.马克思人类解放思想与社会形态理论的内在统一[J].郑州大学学报（哲学社会科学版），2018（6）：82–86，156.

[259] 郑学刚.论讲好中国故事的章节目[J].重庆理工大学学报（社会科学），2018（4）：120–130.

[260] 肖萌.全球化背景下孔子学院的文化传播功能探析[J].现代传播（中国传媒大学学报），2018（3）：167–168.

[261] 肖贵清，张安.关于坚定中国特色社会主义文化自信的几个问题[J].当代世界与社会主义，2018（1）：26–33.

[262] 金民卿.中国特色社会主义文化自信的必然性及实现路径[J].中原文化研究，2018（1）：73–80.

[263] 王学俭.新时代如何培育和践行社会主义核心价值观[J].人民论坛，2017（34）：34–35.

[264] 颜旭.社会主义文化强国的建设路径[J].前线，2022（3）：34–37.

[265] 李华.文化强国视野下国有企业文化自觉与企业成长关系研究[J].商业文化，2022（7）：49–51.

[266] 王琴.论加强党内政治文化建设的"破"与"立"[J].湖北经济学院学报（人文社会科学版），2022，19（3）：4–8.

[267] 范玉刚.建设文化强国的底气[J].红旗文稿，2022（4）：40–42.

[268] 潘文丽.习近平"推进社会主义文化强国建设"思想的三维透视[J].山西大同大学学报（社会科学版），2022，36（1）：19–23，38.

[269] 李晓梅.巩固文化领导权 建设文化强国 [J].长治学院学报，
2022，39（1）：20–22.

[270] 陈可可.为"建成社会主义文化强国先行区"立新功 [J].群众，
2022（3）：30–31.

[271] 张建春.锚定文化强国建设目标 守正创新做好新时代出版工作[J].
中国出版，2022（3）：3–7.

[272] 李群玉，黄平森.新时代中国共产党文化强国建设的探索与实践[J].
阿坝师范学院学报，2022，39（1）：61–67.

[273] 曹素云，王静，李红红.新媒体时代大学生文化强国战略探究 [J].
边疆经济与文化，2022（2）：104–106.

[274] 袁航.新发展阶段下社会主义文化强国建设刍论[J].实事求是，
2022（1）：61–69.

[275] 金钟哲，罗廷香.文化强国思想的传统文化内核、价值和路径 [J].
学理论，2022（1）：4–6.

[276] 谢乾丰，朱艳琳.社会主义文化强国之建设路径管窥[J].农村经
济与科技，2021，32（24）：334–336.

[277] 刘维兰.新时代文化战略与文化强国实践策略 [J].河海大学学报
（哲学社会科学版），2021，23（6）：14–21，109.

[278] 崔璨.文化强国视域下中医药翻译存在问题及对策 [J].莆田学院
学报，2021，28（6）：72–75.

[279] 唐建军.奋力书写文化强国的汉服篇章 [J].纺织服装周刊，2021
（47）：22–23.

[280] 王曾，谢金刚.文化强国背景下高职数字媒体技术专业人才培养
探索 [J].安徽职业技术学院学报，2021，20（4）：78–81，86.

[281] 刘龙章.共建全民阅读研究基地 为文化强国作出新贡献 [J].新阅
读，2021（12）：1.

[282] 王紫潇. 弘扬革命文化 建设文化强国 [J]. 红旗文稿，2021（23）：
40-43.

[283] 孙秋菊. 文化强国视域下加快实体书店转型的策略研究 [J]. 佳木
斯大学社会科学学报，2021，39（6）：63-66.

[284] 陈勇. 奋力谱写社会主义文化强国新篇章 [J]. 思想政治工作研究，
2021（12）：16-18.

[285] 王紫潇. 红色文化赋能新时代文化强国建设 [J]. 群众，2021（23）：
33-34.

[286] 熊浩. 建设文化强国视域下的文化产业发展策略探讨 [J]. 文化创
新比较研究，2021，5（34）：167-170.

[287] 张贺，王珏，郑海鸥. 开启建成文化强国新征程 [J]. 党员文摘，
2021（12）：10-12.

[288] 刘叶郁. 文化强国背景下中国体育文学基础理论研究概述 [J]. 文
化学刊，2021（11）：108-111.

[289] 孙枭婷，李月竹，刘红燕. 谈新时代文化强国建设的理论与文化
产业数字化发展趋势 [J]. 中国民族博览，2021（21）：113-115.

[290] 钱翔. 文化强国建设思维下的工艺美术设计专业工坊教学模式
探究：以琼台师范学院为例 [J]. 品位·经典，2021（21）：158-
161.

[291] 史五阳，张云崖. 文化强国背景下传统武术的发展研究 [J]. 武当，
2021（11）：52-55.

[292] 杨天石. 贯彻"双百"方针，实现文化强国的必由之路 [J]. 世纪，
2021（6）：1.

[293] 谭姣，周险峰. "文化强国"背景下小教师范生《世界通史》教
学资源开发浅探 [J]. 文化创新比较研究，2021，5（31）：178-
181.

[294] 魏鹏举.文化强国战略格局下中国文化贸易的现状与愿景 [J]. 同济大学学报（社会科学版），2021，32（5）：28-34.

[295] 李斌，姚佳丽.论建设文化强国的基本内涵和价值意蕴 [J]. 兵团党校学报，2021（5）：91-95.

[296] 柳添文，王冬慧，李江.武圣关公大刀文化软实力研究 [J]. 中华武术，2022（3）：96-97.

[297] 刘子涵，蔡杰，姚林希.文化软实力视域下中国体育舞蹈竞赛新阶段面临的挑战与对策 [J]. 青少年体育，2022（2）：131-134.

[298] 杨晶晶，陶冶，杨未一，等.环境设施设计提升城市文化软实力策略研究：以泰州为例 [J]. 美与时代（城市版），2022（1）：109-111.

[299] 许亚东，宋伟，谢凌志.社会主义核心价值观对国家文化软实力提升的引领作用 [J]. 时代报告，2022（1）：98-100.

[300] 王晶，朴光海.推进国家文化软实力建设，增进人文与文化交流：2021年第14届中韩人文交流政策论坛综述 [J]. 国外社会科学，2022（1）：191-192.

后 记

参天大树始于根苗，文化是人之为人之本，枝繁叶茂、枝权横生，但树高千尺也离不开根的涵养。化解人类问题，必须抓根治本。

文化作为春风化雨、润物无声的柔性力量，是软实力。刚柔相济、以柔克刚，就是要坚信文化作为人特有的存在方式的类本质属性。古往今来，人类社会的演进与发展进程足以说明无论多么强势的现实权力，都是暂时的、有限的，可以强盛一时，占据统治地位，但最终会随着时间的流逝而湮没在人类文化演进的历史长河之中。

中华文化的独特魅力在于其生成于民族、人群的融合进程之中，本身就是多元合一的，但又是超越单一民族或单个国家的，是共生、协同的，具有类本质的属性。因此，面对时下全球化困境，超越其狭隘的经济共同体、一体化模式，打破现有权力格局，构建人类命运休戚与共、守望相助的共同体，以文化人的意蕴就显得格外重要了。

当前，我们应秉持人类命运共同体理念，以习近平新时代中国特色社会主义思想为指导，进一步坚定文化自信，努力传承和弘扬中华优秀传统文化，深入挖掘革命文化中的精神谱系，不断开创新时代社会主义先进文化，促进社会主义文化大繁荣、大发展，加快社会主义文化强国建设的步伐。

作为高校马克思主义文化理论学者，多年来，我对文化领域的研究始终怀有一份赤诚的情怀。也许正是这种对中国文化研究的执着与专注，才使我得以不断坚持。

适逢文化研究"三部曲"之第三部付梓之际，我不由心生感慨！面对书房外满眼春色，回顾无数昼夜的奋笔疾书，个中滋味涌上心头！感恩这个伟大的时代，感恩自己的亲人，感恩生活中的良师益友……要感谢的还有很多！特别感谢我的学生赵越、王一璇、申雅宁、宋姝月、王婉婷、张欢等在书稿撰写过程中的辛勤付出！文化就是一种合力，文化研究也需要协同与合作！

必须承认，限于我的学术能力和水平，书中难免存在一些不足之处，在此恳请学界前辈和同仁批评指正！

杜刚于汾水之滨 龙山之畔 怡丁苑

壬寅暮春